5 SECONDS OF SUMMER

Joe Allan

5 SECONDS OF SUMMER

A BIOGRAFIA

Tradução
Patrícia Azeredo

1ª edição

RIO DE JANEIRO | 2015

CIP-BRASIL. CATALOGAÇÃO-NA-FONTE
SINDICATO NACIONAL DOS EDITORES DE LIVROS, RJ

A42f   Allan, Joe
       5 Seconds of Summer / Joe Allan; tradução: Patrícia Azeredo. –
       1. ed. – Rio de Janeiro : Best*Seller*, 2015.
       il.

       Tradução de: 5 Seconds of Summer
       ISBN 978-85-7684-767-0

       1. 5 Seconds of Summer (Conjunto musical). 2. Músicos de rock –
       Austrália – Biografia. 3.Infantojuvenil – Retratos. I. Título: 5 seconds of
       summer. II. Título.

15-19593   CDD: 028 5
                                                       CDU: 087.5

Texto revisado segundo o novo Acordo Ortográfico da Língua Portuguesa.

5 Seconds of Summer
Copyright © 2014 by Michael O'Mara Books Limited
Copyright da tradução © 2015 by Editora Best Seller Ltda.

Publicado primeiramente na Grã-Bretanha pela Michael O'Mara Books Limited.

Capa: Billy Waqar
Foto de capa: © Larry Busacca/Billboard Awards 2014/Getty Images for DCP
Foto de quarta capa: © Star Shooter/Media Punch/Capital Pictures
Adaptação de capa: Gabinete de Artes
Editoração eletrônica: Abreu's System

Todos os direitos reservados. Proibida a reprodução,
no todo ou em parte, sem autorização prévia por escrito da editora,
sejam quais forem os meios empregados.

Direitos exclusivos de publicação em língua portuguesa para o Brasil
adquiridos pela
Editora Best Seller Ltda.
Rua Argentina, 171, parte, São Cristóvão
Rio de Janeiro, RJ – 20921-380
que se reserva a propriedade literária desta tradução.

Impresso no Brasil

ISBN 978-85-7684-767-0

Seja um leitor preferencial Record.
Cadastre-se e receba informações sobre nossos lançamentos e nossas promoções.

Atendimento e venda direta ao leitor:
mdireto@record.com.br ou (21) 2585-2002

Este livro é dedicado a Tony French.
Pelo apoio ilimitado quando dei meus primeiros passos
em um caminho secreto.

SUMÁRIO

INTRODUÇÃO
ELES VIERAM DA TERRA DOS CANGURUS   9

CAPÍTULO UM
LUKE HEMMINGS: UM CARA TÍMIDO   17

CAPÍTULO DOIS
MICHAEL CLIFFORD: CAMINHANDO
PELO LADO SELVAGEM   31

CAPÍTULO TRÊS
CALUM HOOD: VAI COM CALMA   41

CAPÍTULO QUATRO
"VAMOS FORMAR UMA BANDA"   49

CAPÍTULO CINCO
ASHTON IRWIN: O SOM DOS TAMBORES   59

CAPÍTULO SEIS
"VOLTANDO COM ESSE NEGÓCIO DE BANDA"   69

CAPÍTULO SETE
LONDRES CHAMANDO   91

CAPÍTULO OITO
NOVA DIREÇÃO
103

CAPÍTULO NOVE
LEVE-NOS PARA CASA
113

CAPÍTULO DEZ
A VOLTA PARA CASA
121

CAPÍTULO ONZE
SONHO AMERICANO
125

CAPÍTULO DOZE
ESCREVER, GRAVAR, DORMIR, REPETIR
139

CAPÍTULO TREZE
ENCARANDO O MUNDO DE FRENTE
151

CAPÍTULO QUATORZE
ONDE ESTAMOS
163

CAPÍTULO QUINZE
FAIXA A FAIXA
179

CAPÍTULO DEZESSEIS
NÃO PARE
197

FONTES
205

CRÉDITOS DAS IMAGENS
207

INTRODUÇÃO

ELES VIERAM DA TERRA DOS CANGURUS

"Temos um ônibus imaginário: ele se chama 'Ônibus 5SOS'. Estamos dirigindo e as pessoas entram e saem dele, mas somos os únicos que sempre estão nesse ônibus. Estes caras não são só os meus melhores amigos, agora são irmãos para mim. Somos uma família. Então onde a banda estiver, será o meu lar."
CALUM HOOD, no programa *60 Minutes* da Austrália

A cena musical australiana nunca esteve tão vibrante, diversificada e repleta de talentos. Além do 5 Seconds of Summer, artistas variados como a nova rainha do hip-hop Iggy Azalea, o cantor e compositor Vance Joy, o grupo de música eletrônica Empire of the Sun e os astros do *drum and bass* Pendulum conquistaram recentemente tanto o aval da crítica quanto o sucesso global. Essa revolução não se limita estritamente a quem se apresenta nos palcos. Nos últimos anos, a cantora e compositora Sia Furler, nascida em Adelaide, virou uma das compositoras mais procuradas do mundo, criando sucessos internacionais para vários artistas, incluindo Rihanna, Lea Michele, David Guetta, Rita Ora, Katy Perry e Jessie J.

Mas nem sempre os artistas australianos tiveram aceitação automática e internacional para a música que faziam, e por muitos anos boa parte dos talentos locais de maior sucesso teve dificuldade para repetir tal proeza fora de sua terra natal. Seja pela falta de originalidade no som ou pelo isolamento geográfico do continente, a exportação australiana basicamente se limitava a artistas que soavam muito parecidos com os colegas americanos e britânicos ou a novatos que usavam as raízes australianas para chamar a atenção. Quando o grupo de pop rock e new wave australiano Men At Work alcançou o sucesso mundial em 1983 com a música "Down Under", parecia que eles se encaixavam perfeitamente na última categoria. Com letras repletas de todos os estereótipos sobre a Austrália que se podia imaginar e um som que lembrava vagamente o híbrido de rock e reggae da banda britânica The Police, o Men At Work parecia ter uma mensagem rasa. Mas "Down Under" oferecia mais do que um refrão grudento e, pensando bem, poderia ser considerada uma crítica inteligente ao fato de a cultura australiana, seus artistas e a música feita no país serem totalmente ignorados e reduzidos a um clichê. Os gritos de "Can't you hear the thunder?" ["Você não consegue ouvir o trovão?"] e "You better run, you better take cover" ["É melhor correr, é melhor procurar abrigo"] no refrão poderiam facilmente se aplicar à explosão de talentos inexplorados e à nova música que estava prestes a surgir da "terra dos cangurus" nos próximos anos.

ELES VIERAM DA TERRA DOS CANGURUS

Da metade dos anos 1980 em diante, a nação australiana viu aparecer uma safra inédita de novos talentos musicais. Surgiram artistas de imenso sucesso internacional, como a banda de rock INXS, os pioneiros do metal AC/DC, o cantor country Keith Urban e uma série de artistas pop como Savage Garden, Holly Valance, Delta Goodrem, além da indiscutível princesa do pop Kylie Minogue. A vastidão e o aparente isolamento do país de influências externas parecia não ser mais um problema, no máximo servindo para aumentar a criatividade e singularidade dos músicos que produzia.

Foi nesse mercado global da música que o 5 Seconds of Summer foi lançado. Em uma clássica história de quem vem de baixo e alcança o sucesso, eles fizeram uma série de singles que atingiram as paradas mundiais, um álbum de estreia que ganhou platina múltipla e conquistou um exército de fãs ardorosas. Embora o mundo da música tenha mudado bastante nas últimas décadas, algo continuou mais ou menos o mesmo: o sucesso não vem da noite para o dia. E o 5SOS não foi exceção à regra.

Mesmo considerando a atual cultura de fama e celebridade instantâneas alavancada pelo YouTube e pelos reality shows, no mundo da música o sucesso tende a chegar um pouco mais tarde, exigindo muito planejamento e trabalho árduo nos bastidores, além de um artista com talento, aparência e atitude certas, para começo de conversa. Contudo, originalidade e técnica dificilmente são os únicos fatores responsáveis pelo sucesso, e com o apelo contínuo dos reality shows e programas de competição musical como o *The Voice*, *The X Factor* e *American Idol*, a sorte e o momento certo têm um papel fundamental. Não chega a surpreender que integrantes de uma banda pop fabricada como o One Direction virem superastros mundiais tão rápido quando se leva em conta a imensa exposição em um período relativamente curto. Múltiplas aparições no programa de TV mais assistido do Reino Unido, *The X Factor*, toda semana por vários meses inevitavelmente ajudaram o One Direction a obter um público amplo e receptivo. Considerando também a exposição mundial adicional que cada apresentação teve em canais de vídeo na internet como o YouTube e outros sites, era quase inevitável que a banda criasse uma enorme quantidade de fãs e recebesse as várias recompensas da fama.

Criar um grupo de seguidores do zero pode até ser considerado fácil. Manter esses fãs quando o "próximo grande artista" aparecer é muito mais difícil. Hoje em dia, embora a fama e fortuna possam vir bem depressa, a parte realmente complicada e crucial para o verdadeiro sucesso consiste em fazê-lo durar.

Mais ou menos na mesma época em que o Men At Work levantava a bandeira da Austrália no cenário mundial, o grupo pop britânico Duran Duran estourava nos Estados Unidos. Em 1983 eles já estavam bem-estabelecidos no país, tendo assinado contrato havia alguns anos com a EMI Records, antigo lar dos Beatles e uma das gravadoras mais bem-sucedidas do mundo. "Hungry Like the Wolf", a primeira música lançada nos Estados Unidos, era na verdade o quinto single de sucesso no Reino Unido, saído do segundo álbum deles, *Rio* (o álbum de estreia, que tem o mesmo nome da banda, passou praticamente despercebido nos Estados Unidos em 1981). O sucesso foi conquistado a duras penas, mas a banda teve a valiosa ajuda de uma poderosa equipe de divulgação e marketing. Para estourar nos Estados

Unidos, o Duran Duran fez uma turnê-relâmpago pelo mundo com um número aparentemente infinito de shows, mas acabou parando no meio do caminho. O ritmo era massacrante para qualquer um e não demorou muito para afetar alguns integrantes da banda. Estava longe de ser o sucesso rápido vivido pelo One Direction, mas o resultado foi o mesmo.

O primeiro baterista do Duran Duran, Roger Taylor, disse à revista *Classic Pop*: "As pessoas de fora acham incrível estar em uma banda de sucesso, mas não é a melhor coisa do mundo: você mora em hotéis, precisa de seguranças para andar na rua, não pode ir a lojas. É uma vida difícil." Geralmente a pressão é maior do que se espera, e a carga de trabalho, imensa. Taylor continuou: "Realmente vejo semelhanças com o One Direction hoje. Eu me preocupo um pouco porque eles são jovens como nós éramos naquela época, vivendo uma rotina intensa [...] Eu tinha 19 anos quando entrei na banda e aos 23 estava tocando no Madison Square Garden, viajando pelo mundo no meu próprio avião. Era demais para mim."

A indústria musical mudou bastante nos últimos trinta anos, mas parece que muitas das pressões enfrentadas por novos artistas em busca do sucesso continuam praticamente as mesmas. E um elemento crucial para conquistar (e manter) a fama e a fortuna permanece o mesmo: é preciso estar preparado para trabalhar por elas.

Devido à origem do grupo, o sucesso do One Direction nos Estados Unidos era quase certo. Reunidos e preparados por uma equipe experiente de profissionais da indústria musical, recebendo a imensa exposição de um programa de TV com alto índice de audiência (e depois por meio de uma turnê em estádios, com lotação esgotada, após o encerramento do programa), contratados pela poderosíssima gravadora Syco, de Simon Cowell, e recebendo um single de estreia criado pela equipe de produtores responsável por alguns dos maiores hits de artistas como Britney Spears, Westlife, Justin Bieber e Demi Lovato, como poderia dar errado?

O que *realmente* impressiona é quando um cantor ou banda surge sem qualquer ligação com a indústria musical, e tendo apenas o sonho de criar e compartilhar a música que ama, acaba encontrando um público disposto a dividir a mesma paixão. Do nada, eles atingem e envolvem amantes da música com o mesmo gosto, criando um grupo de seguidores fiéis e dedicados que os leva a galgar as paradas musicais do país com o próprio esforço, sem um programa de TV em rede nacional atuando como plataforma de lançamento ou grande gravadora guiando cada um de seus passos. O 5 Seconds of Summer é esse tipo de fenômeno.

Na semana após o álbum de estreia, com o mesmo nome da banda, ter chegado ao primeiro lugar nos Estados Unidos vendendo mais de 250 mil cópias, o músico, produtor e futuro mentor do 5SOS, John Feldmann, declarou à revista *Billboard*: "Não existiu a fórmula do Simon Cowell de encontrar cinco garotos bonitos e montar uma banda. São apenas uns caras australianos de 1,90 m que gostavam do mesmo tipo de música e formaram uma banda." Parecia mais a declaração de uma missão do que a narrativa dos fatos. Quando os garotos simples de Sydney chamados Luke, Michael, Calum e Ashton se reuniram para cantar suas músicas favoritas e depois escolheram dividi-las com o mundo por meio de vídeos no YouTube, ninguém poderia imaginar que em apenas dois anos eles estariam lançando álbuns que chegariam ao topo das paradas mundiais e fazendo shows lotados para milhões de fãs.

A origem do 5 Seconds of Summer não é apenas a história de uma banda de rock australiana que conquistou o mundo com um punhado de canções grudentas. É muito mais do que isso: é a história de uma pequena revolução. É a história de quatro adolescentes que não só entenderam o poder da música e como ela pode unir as pessoas, como também adotaram totalmente o potencial da internet e das redes sociais para envolver e depois se conectar à família 5SOS, que cresce cada vez mais. Usando YouTube, Facebook, Twitter, Instagram e outras plataformas para manter contato permanente com seus leais fãs, eles criaram um exército de apoiadores, dispostos a segui-los a qualquer lugar aonde esta incrível história de sucesso os levasse. Com mais de seis milhões e meio de "curtidas" no Facebook oficial da banda, um número de seguidores no Twitter acima dos dez milhões e quase cem milhões de visualizações no YouTube para o primeiro vídeo quando este livro estava sendo escrito, a banda tem um dos grupos de fãs mais ativos do mundo... E é sério! Somando-se os shows esgotados pelo mundo e duas turnês mundiais abrindo para o One Direction, eles conquistaram um público global que certamente daria inveja a muitas bandas já estabelecidas por aí. E o mais inacreditável é que boa parte disso foi conquistado antes mesmo de assinarem contrato com uma grande gravadora ou terem lançado o primeiro álbum. Quando finalmente contabilizamos o vasto sucesso dos singles, EPs e álbuns, não fica difícil ver que o 5 Seconds of Summer, juntamente com a fundamental família 5SOS, é mais do que uma banda: é uma força da natureza.

Este livro fala da sua origem, bem como do caminho para o sucesso, e revela o papel dos fãs nesta jornada contínua pela dominação global. É melhor você se segurar firme, pois o passeio na montanha-russa vai começar. Luke, Michael, Calum e Ashton gritam *Don't Stop* e pedem para você ser a companhia perfeita na viagem para conquistar o mundo.

CAPÍTULO UM

LUKE HEMMINGS: UM CARA TÍMIDO

"Sinceramente, pessoal. Tenho certeza de que sou da mesma altura que meus colegas de banda."
Luke Hemmings (@Luke5SOS), no Twitter

Quando o 5 Seconds of Summer estava a ponto de entrar nas paradas norte-americanas pela primeira vez com o EP *She Looks So Perfect*, a revista *Billboard* decidiu publicar uma matéria chamada "10 coisas que você precisa saber sobre o 5 Seconds of Summer" para dar uma luz a quem ainda estava por fora da sensação pop que tinha acabado de vir da terra dos cangurus. Prevendo que os quatro rapazes australianos estavam prontos para dominar as paradas norte-americanas, ela deu atenção especial ao principal vocalista e guitarrista, rotulado como "O Galã", descrito desta forma: "Ele tem piercing no lábio, cabelo louro penteado com perfeição, um sorriso desconcertante e olhos azuis devastadores." A revista fez uma declaração ousada: "Neste momento o PHS (Potencial Harry Styles) dele está nas alturas." Embora seja difícil argumentar contra qualquer uma dessas afirmações, Luke Hemmings é muito mais do que a mera aparência. O caminho percorrido pelo rapaz até virar o líder carismático não foi navegado em águas calmas, e quando se leva em conta que Luke é o caçula do 5SOS, o comprometimento com o futuro do grupo e os sacrifícios feitos por ele para garantir o sucesso tornam-se ainda mais extraordinários.

Luke Robert Hemmings nasceu em 16 de julho de 1996 e foi criado com os irmãos mais velhos Ben e Jack pelos pais, Andrew e Liz, em Riverstone, subúrbio de Sydney. Como os outros futuros integrantes da banda Michael Clifford, Calum Hood e Ashton Irwin, Luke não era de classe alta, fato confirmado pelo baterista Ashton em entrevista à *Billboard*: "Nenhum de nós veio de família rica [...] Não somos de um bairro muito bom."

Um dos primeiros assentamentos na periferia de Sydney e situado uns cinquenta quilômetros a oeste da capital, Riverstone virou a típica cidade-dormitório sem grandes atrativos e com poucas oportunidades de emprego. A maioria dos seis mil habitantes locais viajava diariamente a Sydney para trabalhar na mais movimentada e cosmopolita das cidades australianas. Com o tempo, a população de Riverstone cresceu, o preço do aluguel disparou nos subúrbios mais procurados de Sydney, e boa parte do espírito comunitário que um dia existiu acabou desaparecendo com a chegada dos novos

LUKE HEMMINGS: UM CARA TÍMIDO

habitantes. A cidade teve uma queda de status, com determinadas áreas sendo consideradas perigosas à noite. Ashton descreveu a região como "realmente violenta" em uma entrevista ao *Guardian* algum tempo depois, dizendo que a cidade vivia praticamente "sob o toque de recolher" imposto por gangues de adolescentes desocupados, mas com muita energia para gastar, que tomavam conta das ruas para se divertir e acabavam bebendo e ficando fora até tarde, geralmente causando problemas.

Embora não tenham sido melhores amigos na infância, todos os integrantes do 5SOS foram criados nesse ambiente. É fácil ver como a experiência e as dificuldades de morar lá aumentaram a determinação deles de lutar por uma vida melhor. Ashton fez questão de destacar isso ao falar com a revista *Rock Sound* algum tempo depois: "Não viemos de mansões chiques no campo. Somos do subúrbio e de famílias que lutaram para sobreviver." Ele explicou que o interesse inicial deles pela música e o desejo de estarem em uma banda eram motivados basicamente pela necessidade de fuga. "Tentamos construir algo para nós porque não queríamos viver onde morávamos."

Como muitas das cidades australianas mais antigas, Riverstone tem uma série de pequenas igrejas de várias denominações, e várias escolas particulares locais refletiam essas afiliações religiosas. Elas forneciam uma educação completa da mesma forma que as escolas públicas da região, mas com foco nos valores e ensinamentos associados a uma determinada fé. Os pais de Luke se sacrificaram para mandá-lo a uma dessas escolas particulares, a Norwest Christian College, onde ele recebeu boa parte da educação formal e encontrou Michael Clifford e Calum Hood, colegas do 5 Seconds of Summer.

A Norwest Christian College foi fundada há mais de trinta anos e mantém um nível de exigência bem alto a fim de garantir que todos os alunos se formem e saiam dela como indivíduos equilibrados e bem-desenvolvidos. A escola tem anuidades em torno de sete mil dólares (aproximadamente 18 mil reais) e promete priorizar os valores cristãos, além de fornecer aos alunos uma sólida base acadêmica para a vida e espaço para o desenvolvimento pessoal, promovendo a noção de individualidade e dando liberdade para que cada estudante se expresse criativamente. O diretor Ian Maynard define os objetivos da escola no site oficial: "... que cada criança sob nossos cuidados aprenda a manter uma vida interior vibrante, cheia de esperança e otimismo movida pela ideia de ter e alcançar objetivos." A escola se baseia em três objetivos principais: uma educação forte, oferecida em um ambiente acolhedor e que procura incutir em cada aluno autoconfiança e maturidade sólidas para que eles tomem as decisões importantes da vida com segurança e clareza. Maynard também diz: "Esses três elementos permitem a uma criança se equipar com as habilidades, o conhecimento e a autoconfiança para descobrir e buscar seus objetivos com paixão e determinação."

Nesse ambiente Luke foi estimulado pela primeira vez a investir no amor pela música e a desenvolver plenamente o talento para cantar e tocar guitarra, além dos estudos mais acadêmicos. A mãe de Luke, Liz, foi professora de matemática por muitos anos, e ele herdou a aptidão para essa área, além de mostrar interesse precoce em ciências. Porém, desde muito cedo só havia um assunto que realmente prendia toda a atenção de Luke: a música logo viraria a maior paixão do menino. Cantar e aprender a tocar guitarra eram basicamente as únicas atividades que ele gostava de fazer dentro e fora da escola, uma obsessão que não só acabaria tomando boa parte do tempo livre dele como dominaria o resto da adolescência.

Felizmente, ele teve muito incentivo em casa e na escola, além de várias oportunidades para mostrar o talento para os colegas. A escola tinha a política de dar todo o apoio para que os interessados em arte ou com desejo de produzir a própria música transformassem seu sonho em realidade. Com uma sala de música bem-equipada e espaço para ensaiar, a Norwest College ganhou a reputação de fábrica de talentos musicais. Era comum que os professores espalhassem instrumentos e amplificadores pelo campus, estimulando os alunos a se apresentarem uns para os outros nos intervalos das aulas e dando a eles uma experiência valiosa de como seria ensaiar diante de uma plateia. Repleta de energia vibrante e criativa, a Norwest College foi uma base muito positiva e inspiradora para Luke, seus colegas e, mais adiante, para a futura banda 5 Seconds of Summer.

Quando criança, Luke já mostrava todas as qualidades que seus colegas de banda citariam como pontos fortes. Descrito como "animado", "divertido" e "sempre feliz", Luke estava bem satisfeito com a vida. Ele se descrevia como "meio gordinho" e declarou ter invejado o físico magrinho de Calum quando o conheceu, mas olhando para o atual corpo esbelto de 1,80 m fica difícil imaginar que isso já tenha sido um problema relevante. Apesar disso, parece que a tendência a comer demais ainda o persegue nos dias de hoje, pois os outros meninos do 5 Seconds disseram em um vídeo publicado na internet que ele é o único integrante do grupo que pode "jantar, repetir, depois ir ao cinema e comprar pipoca e refrigerante grandes". Michael acrescenta: "E depois disso ainda pode até fazer um lanchinho."

Quando Luke entrou na adolescência, começou a ficar muito mais interessado em garotas, como a maioria dos meninos da sua idade. Ele conta que nunca se sentiu atraído por um tipo físico em particular e disse à revista *Top of the Pops*: "Estou apenas procurando alguém que goste de mim e seja confiante." Essa maneira de ver as coisas indica que ele está procurando um relacionamento sério, em vez de apenas um casinho. Infelizmente, às vezes Luke é meio atrapalhado, e a situação piora ainda mais quando está perto de garotas, o que geralmente o faz se sentir como um peixe fora d'água naqueles constrangedores primeiros encontros. Ele se lembra de uma gafe típica ao tentar impressionar uma menina: "Sou estabanado quando fico nervoso e derramei molho shoyu em mim em um restaurante japonês." Mas uma determinada garota iria chamar a atenção dele, logo virando uma companhia constante e fonte infinita de inspiração.

Aleisha McDonald também estudava em Northwest, tinha talento para cantar e tocar violão e, em pouco tempo, os dois passaram a andar juntos e acabaram namorando. Rapidamente Aleisha virou parceira musical de Luke, apresentando-se com ele pela escola e para amigos e familiares, chegando até a publicar vídeos no YouTube. Entre os destaques estão as versões do casal para "She Will Be Loved" do Maroon 5 e uma apresentação ao vivo de "If It Means a Lot To You" do A Day

To Remember, filmada nas dependências da Norwest College. O relacionamento continuou ao longo de 2012, mas quando o comprometimento de Luke com o 5 Seconds fez com que ele ficasse cada vez mais tempo longe de casa em turnês e depois fizesse uma viagem prolongada a Londres, o namoro ficou impossível e o casal decidiu que era melhor se separar.

Estimulada pelo sucesso precoce de Luke, Aleisha montou o próprio canal de vídeo e passou a colaborar com outros músicos, incluindo o irmão caçula, Shannon. Citando Alicia Keys, Beyoncé, James Vincent McMorrow e a banda indie-folk inglesa Daughter como principais influências e inspirações, está claro que ela procura se diferenciar de Luke e dos outros meninos do 5SOS em termos musicais. Após se formar no ensino médio, ela continuou a tentar a carreira na música postando *covers* para seu canal e recentemente anunciou no Twitter que teve a oportunidade de gravar composições próprias em um estúdio profissional: "Estou compondo sem parar há muito tempo. Espero que consiga mostrar para vocês em breve."

A ligação com Luke e o status de ex-namorada dele levou Aleisha a enfrentar uma série de comentários negativos, sofrendo agressões desnecessárias de alguns fãs do 5SOS. Ela tentou manter um relacionamento próximo com Luke e costuma tuitar para ele. Quando perguntaram como Luke realmente era no *Ask.fm*, ela respondeu: "Luke é sem dúvida a pessoa mais perfeita e maravilhosa que já conheci! Ele é um cara muito legal e um bom amigo. Ainda é o meu melhor amigo." Recentemente, ela tentou não ser mais conhecida apenas como "a ex do Luke". Em julho de 2014, Aleisha foi obrigada a encerrar a conta pessoal no Twitter, alegando que precisava dar um tempo do site para se concentrar nos estudos, embora também tenha admitido que a *timeline* era constantemente bombardeada por *trolls* e que queria combater uma série de contas falsas que se passavam por ela.

A amizade entre Luke e Aleisha é provavelmente a mais divulgada entre os primeiros relacionamentos dos meninos do 5 Seconds, e o fato de Luke não ter comentado sobre o namoro prova o afeto que ainda sente por Aleisha. Há pouco tempo, ele falou abertamente sobre as frustrações que ele e os colegas de banda às vezes sentiam ao tentar construir relacionamentos significativos durante a intensa fase inicial da carreira, alegando ser praticamente impossível pensar em começar algo sério. Da mesma forma, Ashton disse à rádio KIIS 1065: "Não temos namoradas. Não é uma regra, só acontece [...] Geralmente não ficamos no mesmo lugar por mais de 24 horas, então é difícil se comprometer." Em vez dos relacionamentos amorosos, Luke admite procurar conforto na amizade com os colegas do 5SOS: "Como banda nós somos mais fortes e definitivamente formamos uma pequena família", disse ao site *Fuse*.

Ficar longe da verdadeira família e fazer novos amigos nunca foram os pontos fortes de Luke quando criança. Por ser o mais novo da banda e ter uma família especialmente unida, talvez tenha sido mais difícil para ele lidar com as longas viagens. A viagem do grupo a Londres, em setembro de 2012, foi a primeira vez em que ele saiu da Austrália, e durante a segunda viagem a Londres, naquele mesmo ano, Luke foi o único dos integrantes da banda a ir para casa encontrar a família em Sydney durante a pausa para o Natal. São os fortes laços familiares que mantiveram os pés de Luke bem firmes no chão, evitando "ataques de estrelismo" ou "comportamentos de diva". A mãe, Liz, sempre é a primeira a dar as boas-vindas a Luke quando ele volta das viagens internacionais, e igualmente rápida em trazê-lo de volta à realidade. Ela já usou o Twitter para dizer: "É bom ter o Luke em casa, mas, caramba, ele está impossível." Em outra ocasião, declarou: "Pacotes entregues no aeroporto. Cuidado Oz, o 5SOS está a caminho. Luke, você não arrumou a cama antes de sair..."

Além das saudades da família, Luke ainda enfrentou o problema extra de não ter conseguido terminar o ensino médio antes de começar a interminável série de viagens da banda. Na época de provas, Liz tentou colaborar e chegou a sair em turnê com a banda, ajudando o filho e os colegas nos estudos, mas acabou sendo muito difícil. À medida que a agenda de turnês e a carga de trabalho da banda aumentaram vertiginosamente, Luke precisou abandonar as esperanças de obter as notas que sabia ser capaz de conseguir. Embora seja pouco provável que ele se preocupe muito com a falta de diploma agora que o futuro brilhante com o 5 Seconds of Summer parece garantido, como o estudioso que é, não deve ter sido fácil para ele desistir da educação formal. Mesmo assim, apesar de não haver dúvida de que a escola formou Luke em vários aspectos, a mãe e a vida familiar tiveram tanto ou mais impacto em seu caráter.

Os outros integrantes da banda costumam destacar que Luke, mesmo sendo um cara alegre, também é o mais sério do 5SOS e mostrou repetidamente em entrevistas que prefere pensar antes de falar. Além de ser de longe o mais calado, também é o mais equilibrado do grupo. Calum disse em um dos vídeos deles na internet: "[O Luke sempre] escolhe a coisa mais sensata a fazer", enquanto Ashton, ao comentar que a diferença de dois anos entre os dois o levou a assumir um papel de "irmão mais velho" na vida de Luke, explicou: "Tenho a impressão de que o vi amadurecer e virar uma miniatura de homem." Essa maturidade e equilíbrio talvez se explique porque a vida familiar dele é a mais estável de todos os meninos — o casamento dos pais continuou intacto, e ele teve bons exemplos do sexo masculino para se espelhar, na figura do pai e dos dois irmãos mais velhos.

Cheia de adolescentes, a casa da família Hemmings estava sempre animada. Luke foi uma criança ativa e gostava de jogar futebol com os irmãos, além de ser um skatista dedicado — talvez venham daí as "pernas incríveis", o melhor atributo de Luke de acordo com Michael. Todos os integrantes da família Hemmings gostavam de esportes de inverno, e Luke se mostrou particularmente habilidoso no snowboard. O amor pela música, no entanto, parece ter pouco a ver com a criação que Luke recebeu, visto que os pais e os irmãos nunca se interessaram muito pelo assunto. Na verdade, quando perguntaram de onde veio o talento musical dele, a mãe brincou com o programa *60 Minutes* australiano respondendo: "De mim é que não foi. Ninguém gosta de me ouvir cantar." De onde quer que tenha vindo, o dom se manifestou cedo, estabeleceu-se rapidamente e continuou com ele a vida inteira.

Luke diz que Good Charlotte foi sua banda favorita quando era mais novo, e *The Young and the Hopeless,* de 2003, o primeiro álbum que comprou na vida. E também foi a primeira banda a que assistiu ao vivo. Ele provavelmente tem um gosto musical mais diversificado que o dos outros integrantes do 5 Seconds of

Summer, a julgar pela vasta gama de artistas que escolheu regravar nos primeiros vídeos para o YouTube. De Bruno Mars e Ed Sheeran, passando por Mayday Parade e A Day To Remember. Já as regravações feitas no início do 5SOS incluíam Blink-182, All Time Low e nomes como Busted, Adele e One Direction, ficando difícil identificar o gênero musical preferido dele. Parece que a única característica que todos têm em comum é a qualidade das músicas, sugerindo que Luke desde cedo já gostava de melodias fortes e letras bem-construídas, algo que depois seria fundamental para compor as próprias canções.

A música é um prazer muito pessoal e particular para Luke. Não é difícil perceber a timidez nos primeiros vídeos para o YouTube, pois ele evita olhar diretamente para a câmera e faz uma apresentação bem rápida antes de cada música. Mas a habilidade para cantar e tocar melhorou, além da autoconfiança ter se fortalecido com o feedback positivo obtido pela internet e depois com o apoio de Aleisha. É fácil ver que, quando passou a conviver mais com Michael e depois com Calum, ele já estava preparadíssimo para levar a música a outro patamar e formar a própria banda. A surpresa está na revelação de Calum: quando os três se conheceram, não foi exatamente amor à primeira vista. Ele conta em um dos vídeos na internet: "Michael não foi com a cara do Luke e, como eu era o melhor amigo do Michael na época, também não gostei dele." Depois, admitiu: "Mas lá no fundo eu pensava: 'Ele parece ser legal.'" Luke fez questão de explicar que a sensação foi definitivamente mútua: "Na verdade a gente se odiou por um ano inteiro da minha vida." Michael confirmou o tamanho da desavença: "No nono ano a gente se odiava. Ele queria me matar, eu queria matá-lo, mas no décimo ano viramos melhores amigos."

Antes de se associar aos futuros "irmãos" do 5SOS, Luke sempre foi meio tímido com gente nova, e como isso às vezes o deixava tenso e atrapalhado, ele acabava evitando os alunos mais populares da escola. Luke era mais do tipo solitário, que ficava bem passando horas tocando guitarra, cantando e aprendendo músicas novas. Para não ficar deslocado na escola, Luke andava com grupos de pessoas que não conhecia muito bem e nem tinha muito em comum, levando a alguns incidentes envolvendo provocações e bullying. Em uma dessas situações, Luke foi defendido pelo futuro colega de banda Ashton Irwin, embora àquela altura eles ainda não se conhecessem muito bem. Ele disse ao Vevo: "Não foi nada muito dramático [...] Eu estava com algumas pessoas de quem não gostava muito, e Ashton estava com eles [...] Eu tinha acabado de cortar o cabelo, e [os outros] estavam implicando comigo por isso. Ashton chegou e disse: 'Deixem o garoto em paz.'"

Ashton se lembrou do momento em que realmente conheceu o futuro amigo: foi em um cinema, quando Luke mais uma vez sofria nas mãos dos supostos amigos, agora por causa dos óculos que usava. Ashton simplesmente se apresentou a Luke com um "Oi, meu nome é Ashton" e falou que na verdade achava os óculos "até legais".

Embora o contato tenha sido feito, levaria algum tempo até Luke e Ashton virarem amigos de verdade. Embora tenham voltado aos seus respectivos grupos sociais, ambos na verdade ficavam bem mais felizes sozinhos, tocando algum instrumento ou ouvindo música, fugindo para o próprio mundinho. Essa sensação incômoda e sutil de estar deslocado (que também era comum aos colegas de Norwest, Michael Clifford e Calum Hood) acabaria unindo o grupo de irmãos (levemente problemáticos) e seria a base para eles formarem a própria banda.

CAPÍTULO DOIS

MICHAEL CLIFFORD: CAMINHANDO PELO LADO SELVAGEM

"Sem TV, confere. Sem wi-fi, confere. Sem sinal, confere. Água quente só pra um banho, confere. Longe da civilização, confere #casado5sos LOL"
Michael Clifford (@Michael5SOS), no Twitter

Em um vídeo que os garotos publicaram na internet para apresentar os integrantes da banda aos novos fãs, Michael foi descrito pelos outros como "esquisito", "nerd", "preguiçoso", "atrevido" e, infelizmente, apenas "um pouco engraçado". Quando a revista *Seventeen* pediu para descrever o colega de banda, Calum Hood disse que o guitarrista do 5 Seconds of Summer era "o selvagem". Embora ainda tenha muito chão pela frente até desafiar Ozzy Osbourne pelo título de homem mais louco do rock, Michael Clifford certamente tem um lado ousado. Talvez a indicação mais clara dessa rebeldia e a característica que o destaca do resto do 5SOS sejam o cabelo sempre bagunçado, arrepiado no estilo punk e cada hora de uma cor diferente: ao longo dos últimos anos já foi rosa-claro, rosa-chiclete, verde, azul, roxo e (muito raramente!) o louro-escuro natural. Foi a primeira coisa que os garotos notaram ao conhecer Michael, e Calum chegou a descrever o visual como "diferente e fantástico".

Longe de ser apenas um penteado ambulante, Michael faz questão de mostrar que é punk de verdade. Ele tem o péssimo hábito de usar jeans (acidentalmente) rasgados que às vezes mal cobrem as partes íntimas e por muito mais dias seguidos do que recomenda a boa higiene. Além disso, o guarda-roupa repleto de camisas xadrez sem mangas lhe garante o título de integrante mais "rock'n'roll" do grupo. Infelizmente, porém, esse status pode estar com os dias contados, após ele ter confessado à revista *Coup De Main* que tem "cuecas do *Meu Pequeno Pônei*". Quando não está usando peças de roupa com cavalinhos, veste camisetas *vintage* de bandas de rock, indo de Iron Maiden, Def Leppard e Metallica até Rolling Stones, Neil Young e The B-52's. Não há dúvida sobre o gosto musical de Michael: ele tem um pé (ou deveria ser um ouvido?) firme no passado. É justo dizer que os shows da banda no The Forum em Los Angeles, espaço lendário no universo do rock, foram o ponto alto da sua jornada no 5 Seconds of Summer até agora.

Além da fama de ser disparado o mais bagunceiro do grupo, os colegas de banda já questionaram a higiene de Michael, reclamando em uma entrevista para o Vevo que o quarto dele tem cheiro da comida indiana papari, embora ele alegue não comer a iguaria há anos. Ele também tem reputação de passar tempo demais na cama (dormindo ou não) quando os garotos tiram o dia de folga, o que parece ser um hábito adquirido no início da adolescência, quando ele passava semanas a fio sozinho no quarto, fissurado em seu querido videogame. Em um dos vídeos do grupo na internet, Ashton diz que antes de entrar na banda Michael era "retraído". Já Calum é mais sincero, dizendo que Michael ficou mesmo "trancado no quarto por uns cinco anos". Talvez devido à compulsão pelos jogos eletrônicos, Michael diz que tem "um pouco de transtorno obsessivo-compulsivo" e, apesar das dúvidas dos colegas, ele alega lavar as mãos "umas vinte vezes por dia".

Talvez devido a essa tendência ao TOC, ele fique entediado e se distraia com muita facilidade. Isso, por sua vez, significa que Michael gosta de ser imprevisível nas entrevistas, dando respostas meio fantasiosas. Ele é conhecido por não levar nada muito a sério e, em uma das primeiras entrevistas de apresentação ao Vevo, quando todos os outros garotos declararam ser de Sydney, Austrália, Michael insistiu que na verdade vinha da "Terra Média, em Nárnia". Ele é sempre o primeiro a reagir de modo inesperado, ignorando a tarefa a cumprir e obrigando os outros a fazerem travessuras e pregarem peças. O melhor exemplo disso é o caos que sempre ocorre durante muitos vídeos na internet. Por ser o integrante mais despreocupado do 5SOS, Michael ajuda a manter os colegas atentos, sendo também um dos que traz mais ânimo às apresentações e injeta um elemento de humor em boa parte das músicas que fazem.

Nascido em 20 de novembro de 1995, Michael Gordon Clifford cresceu como filho único, criado pela mãe, Karen, na mesma região de Riverstone de onde vieram os futuros colegas do 5 Seconds of Summer Luke Hemmings e Calum Hood. Ele também estudou na Norwest Christian College e tinha a mesma imagem de deslocado na escola que os outros meninos da banda, embora a falta de habilidade social dele provavelmente tenha mais a ver com sua paixão pelos jogos, que o levava a passar boa parte do tempo livre sozinho no computador, do que com algum problema específico para socializar ou fazer amigos. O importante é o fato de Michael ter a mesma paixão por ouvir e tocar música que acabaria unindo os três principais integrantes do 5 Seconds of Summer.

O gosto musical de Michael provavelmente é o mais punk da banda, incluindo bandas como All Time Low e especialmente Sum 41 entre suas favoritas. Em uma entrevista à *Alternative Press*, ele falou sobre o sucesso do Sum 41 chamado "In Too Deep": "Se eu precisasse mostrar a alguém o que é o pop punk, mostraria essa música [...] É a mistura perfeita do que deveria tocar no rádio." Enquanto Michael certamente entra com as influências mais pesadas e guitarreiras para o grupo, não se pode dizer que ele não tenha a sua cota de "prazeres vergonhosos", admitindo ter um fraco pelo rapper T-Pain e tuitando eternamente sobre a fascinação pelo Nickelback e sua capacidade de saber as letras de todas as músicas do álbum *All The Right Reasons*.

Na escola, Michael meio que preferia ficar na dele e, em casa, ficava trancado com o videogame ou tentava aprender a tocar guitarra. Com todas essas atividades extras não sobrava muito tempo para estudar, e as notas sofreram com isso. Estava claro para ele que era a música ou nada, algo confirmado em uma entrevista à Singapore Radio, onde confessou que se não estivesse em uma banda ele não conseguiria imaginar o que faria da vida: "Os outros garotos provavelmente teriam empregos e tal, mas eu? Cem por cento de chance de não estar fazendo nada."

O amor pelas guitarras começou cedo. Ele disse ao site da Gibson que sua primeira guitarra de verdade foi uma Epiphone Les Paul, a versão mais barata de um dos instrumentos mais famosos da Gibson. Mesmo hoje, tanto tempo depois, ele ainda toca uma Gibson Joan Jett Signature Melody Maker. Em uma das primeiras viagens do 5 Seconds of Summer ao Reino Unido, Michael teve a sorte de ser convidado para o famoso showroom de guitarras da Gibson, em Londres. Maravilhado por estar nesse paraíso musical, a visita apenas aumentou a obsessão, como ele mesmo explicou: "Foi uma loucura, eu entrei em uma sala cheia de guitarras [...] Eles me deixaram pegar uma emprestada, que venho tocando desde então. Obrigado, Gibson!"

Com o tempo, esse amor por tocar guitarra e a afeição por quem tivesse talento semelhante acabaram fazendo com que ele, aos poucos, se aproximasse de Luke em Norwest. Embora Michael soubesse quem era Luke há um bom tempo, mas não falasse com ele por não ter certeza se os dois se dariam bem, chegando até a dizer que eles "se odiavam", a desconfiança lentamente começou a desaparecer. Quanto mais ele via o talento de Luke, mais se convencia de que tinha encontrado uma alma gêmea musical. Em pouco tempo Michael passava todas as horas vagas "bandeando", palavra que os garotos inventaram para definir as primeiras sessões de ensaios.

Michael provavelmente era o mais confiante dos garotos em relação às próprias habilidades musicais, e tinha uma fé precoce e inabalável no sucesso da banda, mesmo quando todos ao redor duvidavam daquele sonho. Adam Day, professor de música deles em Norwest, falou ao *Sydney Morning Herald*: "Michael sempre me disse 'Vou ser um superastro algum dia' [...] Esse era o sonho dele desde o nono ano. Eu me lembro de ele sair do palco após uma apresentação uma noite e dizer 'Sim, é isso o que vou fazer da vida. Vou ser famoso um dia. Pode esperar.'"

Pena que as notas dele não correspondiam a essa autoconfiança. Embora Michael tenha admitido ao *Daily Mail*: "Tirei D em Música", o antigo professor estava disposto a dar o devido crédito ao ex-aluno, declarando ao *Australian*: "Michael costumava dizer que seria um astro do rock um dia, e eu não acreditava muito." E encerrou, afirmando: "Ele foi um daqueles caras que provaram que eu estava errado."

Apesar da tendência a se esconder de todos, Michael encontrava um tempinho para socializar e considerava o futuro colega de banda Calum Hood como um dos seus melhores amigos. Calum depois diria em um dos vídeos da banda na internet: "Ele sempre vai te animar quando você estiver para baixo. É um ótimo amigo, de verdade."

E no que diz respeito a garotas, Michael teve alguns namoros durante o ensino médio, mas nada sério, e depois que a banda começou a ocupar mais o tempo livre, ele passou a se dedicar quase exclusivamente à música. Quando perguntado sobre o tipo ideal de mulher, Michael disse ao Vevo que gostava de "garotas com quem posso ficar à toa e mesmo assim me divertir". Ele também revelou à revista *Top of the Pops*: "Minha garota ideal seria engraçada, esquisita e carinhosa. Não sei se já a conheci, talvez eu a tenha encontrado e nem saiba." O fato de ter admitido que "mandei flores a uma menina que tinha namorado", mas alegando "sinceramente não saber disso" e de ter feito serenata para uma moça com uma versão de *One Less Lonely Girl* do Justin Bieber podem explicar por que ele passa a maior parte do tempo solteiro!

Apesar disso, Michael foi brevemente associado à atriz de Hollywood Abigail Breslin em agosto de 2013. O *Daily Mail* publicou uma reportagem sobre a estrela adolescente de *Pequena Miss Sunshine* e *Ender's Game: O Jogo do Exterminador* saindo de um restaurante em Los Angeles após apresentar um prêmio no Teen Choice Awards, alegando que ela "trocou o vestido glamouroso por algo um pouco mais alternativo quando saiu com o seu colega". Como isso aconteceu logo depois da etapa norte-americana da turnê do One Direction e o 5 Seconds of Summer ainda não tinha o reconhecimento mundial de hoje, é compreensível que Michael tenha passado despercebido e sido citado apenas como "o colega" desconhecido. Se o encontro virou algo mais sério ainda é um segredo muito bem-guardado, mas Abigail publicou uma mensagem intrigante no Twitter naquela noite, dizendo: "Bem... Hoje foi realmente muito interessante."

A lista de casinhos famosos de Michael pode ou não incluir Abigail, mas ele realmente teve um flerte pela internet com Camila Cabello, integrante do grupo feminino norte-americano Fifth Harmony, e disse ao site *Hollywood Life* durante uma brincadeira de "beijar, casar ou evitar" que definitivamente se casaria com Miley Cyrus para logo depois brincar: "Mudei de ideia. Miley não está pronta para casar."

Na verdade, como os outros integrantes do 5SOS, Michael tem pouco tempo para algo fora da intensa agenda de trabalho que não seja comer ou dormir, mas quando possível ele sempre vai reservar um momento para o videogame e o computador. Além disso, a obsessão pelo Twitter é lendária (há um motivo pelo qual ele passa boa parte do tempo na estrada reclamando da falta de wi-fi em quartos de hotel), mas não é algo herdado da mãe, Karen. Quando perguntada pelo *60 Minutes* se ficava de olho nas travessuras do filho pelo microblog, ela disse: "Eu passo longe de qualquer coisa que comece com Tw: Twitter, twerking e os filmes da série *Twilight* (*Crepúsculo*, em português)."

De todos os meninos do 5 Seconds of Summer, Michael parece ter o maior desejo de ver o som da banda seguir para um rock mais "sério" ao longo da carreira. Isso obviamente vem do gosto pessoal, mas também se reflete nos palpites criativos que ele já deu nas músicas gravadas pelos meninos nos últimos anos. Michael foi coautor de sete faixas que apareceram nas diversas versões do álbum de estreia do 5SOS, e essa influência indica claramente um afastamento do som mais suave e pop das primeiras canções rumo aos tons mais sombrios e carregados de guitarras de "Good Girls", "18" e "End Up Here".

Por maior que seja sua influência na banda, Michael é o primeiro a admitir que a química entre todos os integrantes é a responsável pelo grupo ser tão especial. No início de 2011, quando a amizade dele com Luke começou a evoluir e o compromisso de continuar ensaiando levou a longas sessões de improviso na escola e em casa, as coisas começaram a engrenar. Michael relembrou ao *Extra*, um programa de TV dos Estados Unidos: "Acho que quando começamos era só por diversão, mas acabou virando algo sério. Foi quando nos ligamos que 'uau, isso pode dar certo'. E aí ralamos muito para conseguir isso."

Parte desse processo foi chamar outro integrante para "bandear". Os garotos estavam prestes a virar um trio, e o amigo de Michael chamado Calum Hood seria a próxima peça importante a se encaixar no quebra-cabeça.

CAPÍTULO TRÊS

CALUM HOOD: VAI COM CALMA

"Planejando viver para sempre."
Calum Hood (@Calum5SOS), no Twitter

"Eu sou só o cara tranquilão" é como Calum Hood se descreveu em uma entrevista à revista *Seventeen*. Embora essa certamente seja a impressão que muitos têm do baixista do 5 Seconds of Summer, o jeitão descontraído de levar a vida é apenas um dos atributos desse personagem empreendedor.

Nas apresentações feitas nos vídeos da internet, Luke reforça a ideia de que Calum é tranquilo, dizendo: "Ele está sempre calmo nas situações mais estressantes", enquanto Ashton elogia o fato de Calum estar "sempre pronto para alguma aventura".

Michael, por outro lado, brinca insistindo que Calum é "na verdade a pessoa mais esquisita da banda, mas ele se recusa a admitir isso". Todos comentam a aparência física do baixista, chamando o rapaz de "aerodinâmico", "sem pelos", "um ursinho fofo que dá vontade de abraçar" e, o que talvez seja um tanto preocupante, "parecido com um rato-toupeira-pelado".

O envolvimento de Calum com a banda foi importantíssimo. Como terceiro integrante do grupo a participar das sessões de improviso feitas em Norwest junto com os novos amigos Luke e Michael, Calum deu o ímpeto crucial que transformou as reuniões casuais e caóticas em que eles "bandeavam" em algo bem mais profissional. Em pouco tempo eles estavam montando aulas de guitarra estruturadas e fazendo ensaios devidamente organizados. Ao levar os colegas a se concentrarem em tocar, além de partilhar suas influências musicais e ajudá-los a dar os primeiros passos para escrever as próprias canções, Calum definiu a base para transformá-los de três garotos tocando guitarra em uma garagem na primeira versão do 5 Seconds of Summer que conhecemos hoje.

Calum Thomas Hood nasceu no dia 25 de janeiro de 1996 em Sydney, Nova Gales do Sul. O lar dos Hood era formado pela mãe Joy, o pai David e a irmã mais velha Mali-Koa, e sua chegada completou a pequena família. Ele tem a origem mais exótica da banda e costuma ser erroneamente confundido com um asiático: a mãe nasceu em Auckland, Nova Zelândia, enquanto a família do pai veio do outro lado do mundo, na Escócia.

De fato houve uma forte influência cultural britânica na criação de Calum, e isso fica mais visível na paixão do menino pelo futebol e o fato de acompanhar e torcer pelo Liverpool FC até hoje. Na verdade, o interesse por futebol foi muito importante em sua infância, pois Calum mostrou ter uma aptidão precoce para o esporte e o praticou como hobby por vários anos. Quando a habilidade com a bola estava mais desenvolvida, ele foi escolhido para fazer parte de uma equipe enviada ao Brasil para representar a Austrália, mas acabou tendo que abandonar o futebol quando a música passou a ocupar cada vez mais o seu tempo livre. Quando o 5 Seconds começou a ganhar fama, Calum disse ao jornal local *Rouse Hill Times*: "De vez em quando eu volto a calçar as chuteiras, mas por enquanto estou cem por cento concentrado na música." Embora a ideia de se profissionalizar no futebol seja uma lembrança distante e apagada, Calum insiste que ainda gosta de jogar uma pelada e sempre torce pelo seu querido Liverpool.

De volta à escola, após ter decidido que a música seria o principal objetivo dali em diante, Calum deu a notícia ao resto da família Hood: ele queria fazer parte de uma banda de rock. Embora obviamente tenha ficado um pouco surpresa logo de cara, Joy, sua mãe, aceitou bem a notícia. "Nós meio que pensamos: 'Nossa, espero que ele seja bom nisso'", disse ao *60 Minutes*.

E a casa dos Hood já tinha um belo pedigree musical: a irmã de Calum, Mali-Koa, também é uma compositora e cantora talentosa, tendo participado da primeira temporada do *The Voice* australiano em 2012. Ela passou pela fase das Audições às Cegas e coincidentemente foi escolhida para entrar na equipe liderada pelo futuro colaborador do 5SOS Joel Madden, do Good Charlotte. Embora Mali não tenha passado da fase das Batalhas e tenha sido eliminada no oitavo episódio da temporada, ela continuou a carreira de cantora. Tem um grupo de fãs fiéis em sua cidade natal, e o status de celebridade que conquistou aparecendo no *The Voice* (além de ter um irmão em uma das bandas mais populares do mundo) a levou a ser convidada para julgar o concurso local de cantores *The Hills Are Alive*. Durante uma pausa na miniturnê australiana do 5 Seconds of Summer, Calum até se juntou à irmã no palco para fazer alguns duetos durante o final do concurso em agosto de 2012, cantando versões de "Forever", de Chris Brown, e de "Teenage Dream", de Katy Perry.

Antes de entrar na banda, era com a irmã e o resto da família que Calum se sentia mais tranquilo e confiante. Como todos os garotos, ele às vezes achava difícil estar longe de casa e fazer tantas viagens longas, o que explicou em uma entrevista ao *Daily Telegraph* de Sydney: "Sempre sinto saudade da família e dos amigos quando estou em turnê, é natural." Ele também admitiu se sentir reconfortado por saber que está fazendo isso pelos motivos certos: "Quando você está se apresentando para vinte mil pessoas todas as noites fazendo o que ama, tudo fica cem vezes mais fácil."

Como o futuro colega de banda Luke, Calum era um pouco tímido com gente nova na infância e tinha dificuldade para socializar. Além disso, também não era lá muito confiante quando se tratava de namoros, revelando à revista *Top of the Pops*: "Eu saí com uma garota, mas percebi que não gostava dela no meio do encontro. Foi muito esquisito." Em seguida, contou que agora tem muito mais certeza sobre qual é o seu tipo ideal de mulher: "Gosto de garotas diferentes, engraçadas e um pouco estranhas [...] Nós somos estranhos, então precisa dar uma equilibrada."

CALUM HOOD: VAI COM CALMA

Descrevendo-se como "o oposto do esportista popular" para a revista *Girlfriend*, a paixão de Calum pelo futebol deve ter sido a única concessão verdadeira a fazer parte de uma equipe em Norwest. Embora a escola o promovesse como parte do seu programa de esportes, o futebol custou a se livrar das raízes "migrantes" e ser universalmente aceito na Austrália, e a ligação de Calum com o esporte pode na verdade ter sido responsável por afastá-lo dos garotos da mesma idade, visto que a maioria deles tinha probabilidade maior de ser fã de surfe, natação, rúgbi ou basquete. Sendo apaixonado por música e meio deslocado em Norwest, não demorou muito para ele começar a andar com os colegas Luke e Michael. Embora Michael e Calum já fossem bem próximos àquela altura, em um dos vídeos da banda na internet, Luke insiste: "Eu achava que não era descolado o suficiente para ser amigo do Calum."

Parece que ninguém convidou oficialmente Calum para entrar no clube exclusivo de Luke e Michael com objetivo de "bandear", mas ele logo seria visto tocando e cantando com os dois, feliz da vida. Na primavera de 2011 essas três personalidades bem diferentes tinham encontrado um objetivo em comum, conforme Calum admitiu ao *Daily Telegraph*: "Quando formamos a banda éramos definitivamente deslocados na escola. Não sofríamos bullying, mas nos sentíamos deslocados [...] Estar na banda apenas fortaleceu isso."

O gosto musical de Calum é totalmente diversificado. Entre os rapazes do 5SOS, ele certamente tem o repertório mais eclético de artistas no iPod, e embora tenha contado à revista *Girlfriend* que a primeira música que comprou na vida foi "I Miss You", do Blink-182, a favorita da banda, também disse amar

Chris Brown, Nicki Minaj e a banda de rock norte-americana Boys Like Girls. Calum trouxe para a banda esse gosto variado e uma abertura a influências diferentes, fornecendo um ponto de partida singular rumo às composições próprias.

Aliás, a capacidade de Calum para fazer canções originais e ajudar os outros a fazer o mesmo teria impacto crucial no futuro da banda. Ele compôs "Gotta Get Out", a primeira música original do 5 Seconds of Summer a ser exibida no YouTube e uma das primeiras a ser oficialmente lançada como parte do EP *Somewhere New*. Inspirado por essas primeiras tentativas e convencidos de que a única forma de a banda avançar seria se passassem a compor as próprias músicas, o esforço inicial de Calum deu um gás na autoconfiança dos colegas de banda, além de deixar mais claro o rumo a ser tomado pelo 5SOS e os levar a desenvolver totalmente a capacidade de cada um para compor. Essa injeção de autoconfiança levou os meninos a manter um alto grau de controle criativo sobre tudo o que iriam gravar e lançar.

Calum é o compositor mais produtivo do grupo. "Passo muito tempo fazendo isso. Em alguns dias não sai nada e fico com raiva a noite inteira", disse ao *Sunday Morning Herald*. Contudo, a falta de inspiração não parece ter sido um problema, visto que as contribuições dele para o álbum de estreia da banda se igualam às de Michael, chegando a sete músicas, além de muitas outras que entrariam como faixas bônus no EP ou ainda serão lançadas.

Ele tem a mesma ética profissional e ambição que move os outros integrantes do 5SOS. "Temos grandes expectativas sobre o que desejamos conquistar", explica ao *USA Today*. Mas talvez o jeito mais despreocupado de Calum em relação à vida ajude todos a enfrentar as exigências e estresses que surgem a cada dia. Ele continuou: "A gente sempre se sente um pouco pressionado [...] mas só estamos nos divertindo agora e assimilando tudo gradualmente, a cada dia."

Na primavera daquele ano, eles começaram a publicar vídeos no YouTube como trio, e em pelo menos uma ocasião (quando Luke estava viajando de férias) Michael e Calum fizeram um vídeo em dupla. Eles apareceram fazendo piadas e agradecendo o feedback dos fãs. Embora parecesse algo na linha de "na verdade não temos nada a dizer", ficou evidente naquele vídeo a camaradagem crescente entre os dois amigos, o humor maluco que logo ficaria associado a boa parte da banda e, talvez o mais importante, a determinação de manter contato com os fãs, deixando todos envolvidos e atualizados com tudo o que se passava com o 5SOS.

O que também fica claro nesses primeiros vídeos é a química cada vez maior entre os três, e, embora algumas apresentações sejam melhores que outras, não há como negar o potencial daquele grupo.

CAPÍTULO QUATRO

"VAMOS FORMAR UMA BANDA"

"Não acho que tentamos enganar ninguém. Não somos tão descolados assim. Como banda, às vezes podemos até parecer um pouco descolados, mas somos só uns bobos."
Luke Hemmings, na revista *Rock Sound*

No início de 2011, Luke criou coragem para começar a publicar vídeos cantando e tocando guitarra em seu canal do YouTube, Hemmo1996. No começo de fevereiro, com apenas 14 anos, Luke gravou uma versão de "Please Don't Go" de Mike Posner. A original segue o estilo R&B de boate, mas Luke tirou os excessos da música, expondo a letra simples e sincera no que acabou sendo a vitrine perfeita para mostrar o estilo vocal cheio de sentimento e a habilidade cada vez maior no violão. Vale a pena notar que a primeira pessoa a deixar um comentário no vídeo foi Aleisha McDonald, que publicou: "Estou muito orgulhosa de você, moleque."

Nos meses seguintes, Luke publicou vários outros vídeos cantando e tocando violão. Embora já fosse um vocalista completo e estivesse cada vez mais confiante na habilidade com o violão, ele obviamente ainda ficava envergonhado diante da câmera e se apresentava bem depressa — ou, na maioria das vezes, dispensava a apresentação. Versões de músicas de artistas diversos como Cee Lo Green, de cantores e compositores menos conhecidos como Ron Pope (americano) e Pete Murray (australiano), além de muitos rocks, indicavam que Luke ainda atirava para vários lados em busca de inspiração e reunia o máximo de ideias possível para decidir o rumo que sua música poderia tomar. O foco do qual ele precisava estava prestes a ser fornecido por dois colegas da Norwest.

Os caminhos de Luke e Michael se cruzaram na escola em várias ocasiões, mas os dois nunca chegaram realmente a ser amigos. Eles até sabiam da existência um do outro, mas andavam em círculos sociais diferentes, tanto dentro quanto fora da escola. À medida que Michael começou a ver mais apresentações de Luke, assistindo a alguns dos shows dele na escola, percebeu que ambos não tinham em comum apenas o interesse em tocar violão: seus gostos musicais eram bem parecidos. Um foi levado ao outro e logo estavam trocando dicas de violão e falando dos artistas prediletos, até que a ideia de formar uma banda começou a surgir. Mesmo não fazendo parte do grupo oficialmente àquela altura, Calum descreveu o momento que levou à criação da banda ao site *Punktastic*: "Michael perguntou: 'Ei, cara, quer formar uma banda?' Luke respondeu:

"VAMOS FORMAR UMA BANDA"

'Beleza.'" Tudo se encaixou bem depressa, e o ato de "bandear" virou uma "banda". A sala de música da Norwest College virou ponto de encontro para Luke e Michael começarem a tocar e improvisar juntos, aprendendo canções novas e explorando a paixão de ambos pela música. Em pouco tempo, Calum passou a encontrá-los com maior frequência. "Eu meio que me infiltrei ali, nem sei como", ele disse. Assim, as primeiras sementes do que seria o estilo do 5 Seconds of Summer foram cultivadas, com direito à química que se desenvolveria rapidamente entre seus integrantes.

O gosto musical dos garotos era bem parecido. Todos amavam o pop-punk norte-americano dos anos 1990 e bandas de rock como Blink-182, Fall Out Boy e Green Day, então era óbvio que o grupo que eles sonhavam formar seria inspirado pelo som delas. Luke depois explicou como eles pensaram na época: "Nós gostamos de fazer a música que amamos, de ser a nossa banda favorita." Ashton explicou a ideia: "Eu costumava achar estranho dizer isso, mas uma das minhas bandas favoritas é o Paramore, e eles dizem ser a banda de que mais gostam porque fazem música do jeito que gostam." Ficou claro logo no início que embora o som do 5 Seconds of Summer pudesse acabar sendo uma mistura de estilos bem diferentes, incorporando não só os elementos roqueiros de suas bandas prediletas como também algumas preferências menos convencionais, os garotos iriam fazer música do jeito deles.

Essa diversidade de estilos podia ser vista nos primeiros vídeos do Luke, em parte porque ele estava interessado não só em imitar a energia e força de suas canções de rock favoritas, como também em descobrir o que faz uma gravação soar bem no rádio. Ele queria cristalizar o elemento que levava determinadas músicas de alguns artistas direto às paradas de sucesso; assim, a probabilidade de ele cantar uma música do Maroon 5 ou da Adele era a mesma de regravar o seu querido Good Charlotte. No mínimo, isso formaria uma mistura poderosa de influências e levaria o som que eles estavam criando para uma direção muito mais comercial e acessível do que a lista de artistas prediletos deles poderia indicar.

Sem dúvida a sala de música da Norwest College virou um ambiente divertido e criativo para os meninos. A princípio ninguém prestava muita atenção neles na escola, e a ideia de que estar em uma banda aumentaria o status social ou a popularidade com as garotas na escola foi rapidamente descartada, como Luke explicou ao *Sydney Morning Herald*: "Se você não fosse jogador de futebol americano, então não era atraente." Se por um lado eles eram ignorados pelos outros alunos, felizmente receberam muito estímulo da equipe de Norwest. Um dos professores de música, Adam Day, recorda: "Comecei a ensinar música para eles no sétimo ano, e os garotos se destacaram em todas as atividades práticas [da matéria]." Ele reconheceu que o único problema era que "[eles] eram muito calados, tímidos e reservados, [mas] eram basicamente artistas que ainda não tinham se revelado". Adam logo viu o potencial dos meninos e deu um apoio fundamental sempre que pôde. "Escrevi nos relatórios deles que seria bom procurar oportunidades de se apresentar para poderem desenvolver a confiança no palco."

Foi um ótimo conselho, que os garotos acabaram seguindo. Àquela altura, eles só tinham se apresentado para amigos e familiares, mas quando ganharam mais confiança perceberam

"VAMOS FORMAR UMA BANDA"

que o Sr. Day tinha razão: todos precisavam ver do que eles eram capazes. Hoje é difícil imaginá-los fazendo isso, mas em pouco tempo a banda começou a pedir oportunidades de shows na página oficial do Facebook, colocando-se à disposição para tocar em festas de aniversário, bailes de escola e eventos particulares na região de Sydney. E até estimulavam os fãs a mandarem pedidos pela inbox do Facebook pessoal deles. Sem dúvida o site cairia na hora se eles fizessem o mesmo hoje em dia!

Os integrantes do 5SOS ainda estavam se divertindo, e naquele momento nenhum deles levava muito a sério a ideia de estar em uma banda de verdade. Mas, levando a sério ou não, eles perceberam que deveriam pensar em um nome para a banda se iriam anunciar seus serviços para shows. Michael acabou chegando ao nome 5 Seconds of Summer enquanto sonhava acordado na aula de matemática, em abril. Ele queria algo a que os fãs pudessem acrescentar o próprio nome, como 5 Seconds of Michael ou 5 Seconds of Luke e disse à TIC FM 96,5, em Connecticut: "Mandei uma mensagem [para os outros integrantes], falando 'ei, caras, batizei a banda de 5 Seconds of Summer' e eles responderam 'tá bom, gostamos'." Embora tenham aceitado o nome sem dar muita importância, no fundo, como disse Michael ao site *OCC*, eles "odiaram". Agora parece claro que ninguém tinha realmente imaginado que o nome viveria tanto. Afinal, eles eram apenas uma banda de escola, brincando e se divertindo. Luke analisou: "Quando você está em uma banda no colégio, apenas escolhe um nome qualquer, porque não imagina que vá durar muito." Não sabemos se Luke estava ou não pensando a longo prazo, mas ele mudou o canal do YouTube de Hemmo1996 para 5 Seconds of Summer e, mesmo se houvesse alguma dúvida — como quando a página da banda no Facebook sugeriu em 11 de abril de 2011 que "Bromance" talvez fosse um nome melhor —, a ideia original de Michael acabou pegando.

À medida que a situação progrediu, os outros dois garotos se juntaram a Luke em mais vídeos no YouTube, e um fluxo constante de novas versões foi publicado ao longo de 2011. Uma versão da balada rock do Blink-182 "I Miss You" e de "If It Means I Love You", do A Day To Remember, talvez mostrem um pouco da influência que Michael e Calum tinham na direção musical do grupo, mas a versão deles da colaboração entre Chris Brown e Justin Bieber, "Next to You", é que seria o vídeo mais assistido dos meninos àquela altura. As apresentações deles geralmente eram toscas, porém eficazes, com os garotos esquecendo letras, errando notas e não se levando muito a sério, mas mesmo assim eles estavam progredindo. Michael e Calum continuaram a publicar vídeos enquanto Luke viajava de férias, embora fosse mais um lembrete aos fãs de que eles não tinham sido deixados de lado e que novos vídeos seriam lançados em breve.

Passando despercebidos pelos colegas da Norwest, os meninos do 5SOS perceberam que essa plateia virtual, as pessoas que acessavam regularmente para assistir ao último vídeo publicado por eles, valia a pena ser cultivada para o futuro. Eles mantinham os fãs envolvidos, pedindo constantemente feedback das apresentações mais recentes e os incentivando a pedir músicas que gostariam de ver cantadas pelo grupo. O 5 Seconds lançou sua página oficial do Facebook no início da primavera australiana e no fim de maio já tinha passado das três mil "curtidas". Em

"VAMOS FORMAR UMA BANDA"

seguida, a banda começou a interagir diretamente com os fãs usando o serviço de vídeo Ustream para conversas virtuais e para atualizar a todos sobre os progressos que estivessem fazendo, e também sobre eventos e vídeos. Eles também faziam questão de que cada membro dessa primeira onda de fãs soubesse o papel especial que tinha na popularidade cada vez maior da banda. No meio de junho, o 5 Seconds tinha oito mil "curtidas" no Facebook e abriu uma conta no Twitter. O nome deles estava ganhando fama na internet, e a família 5SOS aumentava rapidamente.

Tudo isso era um alívio bem-vindo das aulas normais, e os meninos logo criaram um laço muito forte de amizade, construído em torno da química que eles tinham quando ensaiavam. E a resposta a essas ações nas redes sociais os fez perceber em pouco tempo que afinal poderiam estar no caminho certo, levando o 5SOS a se preparar com mais seriedade para as apresentações em público. Logo eles estariam se apresentando em uma escala maior, e isso exigia uma abordagem bem mais profissional.

Em setembro o grupo divulgou os detalhes de um evento em um cinema local de Sydney chamado "An Afternoon at the Cinema — Unplugged" [Uma Tarde no Cinema — Acústico], no qual faria o seu primeiro show em público e gratuito com outra banda jovem de pop-punk, Some Time Soon. Segundo os organizadores, eram "duas estrelas australianas em ascensão", listando em seguida os números impressionantes do 5SOS nas mídias sociais: cem mil visualizações no YouTube, 14 mil assinantes no canal e quase vinte mil fãs no Facebook. Eles disseram ainda: "Nada mau para três garotos de Sydney", além de estimularem todos a aparecer para "ver qual é a desse alvoroço". E o público realmente veio, mesmo não sendo exatamente a imensa quantidade que eles encontrariam com o tempo.

O Some Time Soon era uma banda mais estabelecida, com um bom número de seguidores em sua cidade natal, Adelaide. Eles já tinham lançado o primeiro EP, feito um videoclipe e excursionado bastante pela Austrália. É provável que, mesmo sem ter a vantagem de se apresentar em casa, eles fossem a maior banda da noite. Embora comparativamente não tivessem muita experiência, o 5SOS fez uma apresentação acústica, recebida com entusiasmo, que incluía algumas versões já apresentadas no YouTube. O 5 Seconds considerou o show um grande passo por ter contribuído para aumentar a confiança deles como artistas. Além disso, foi uma experiência valiosa diante de um público que não necessariamente estava lá para vê-los. Isso estimulou os meninos a darem o próximo passo: fazer o próprio show em um local dedicado ao rock e mostrar a todos exatamente do que eles eram capazes.

Motivados pelo sucesso do evento no cinema, eles foram chamados naquele mesmo mês para um show em um dos lugares mais badalados para os fãs de rock: o Annandale Hotel. O gerente do local procurou os garotos no Facebook, mandou uma mensagem e perguntou se eles gostariam de fazer um show com tudo a que tinham direito dali a dois meses e meio, e o negócio foi rapidamente fechado. O pequeno salão do Annandale era um espaço modesto que ganhou fama ao longo do tempo e passou de um simples local para shows na madrugada para um dos lugares mais marcantes para o rock australiano, recebendo centenas de astros do rock locais e internacionais.

"VAMOS FORMAR UMA BANDA"

Embora tocar no Annandale sem dúvida desse credibilidade aos meninos no mundo do rock'n'roll, essa não foi uma escolha óbvia para um grupo de adolescentes ainda cheirando a leite e que tinha acabado de publicar músicas do Justin Bieber no YouTube. A determinação deles de evitar o destino de outras boy bands (fazer playback em boates ou shows grátis nos shoppings da região) e o desejo de serem vistos como um grupo de verdade que tocava instrumentos de verdade significava que o 5 Seconds seria obrigado a competir com artistas muito mais experientes e enfrentar a multidão que estava lá para ver esses artistas. Refletindo depois sobre esse show, Ashton explicou à *Rock Sound*: "As bandas underground de Sydney e as bandas em geral são bem pesadas [...] É um cenário bem radical, e queríamos ser uma banda de rock como o Green Day. A gente não se encaixava bem ali." Ele continuou: "A diferença é que, no nosso caso, as garotas vinham para nos ver. O público deles tinha apenas caras suados que nos odiavam." Ashton contou mais em uma entrevista ao *Sydney Morning Herald*: "A gente adorava fazer shows com bandas de metal no Annandale [...] Todo dia eles diziam que nós éramos horríveis." Foi também um teste de resistência para o pequeno porém leal grupo de fãs femininas do 5SOS. Ashton recorda: "Nós tínhamos poucos fãs, mas eram de uma dedicação incrível [...] Ir ao Annandale Hotel quando você não tem nem 16 anos e é uma garota está longe de ser o ideal."

Se esse já parecia ser um passo grande demais para as fãs como seria para a banda? Eles começaram a se questionar se em dezembro conseguiriam estar prontos para mostrar suas músicas em um local como aquele. Apresentar-se como trio acústico, com três vozes e violões, era uma coisa, mas para virar uma banda com tudo a que tem direito e levar o som até o nível desejado por eles, o 5 Seconds of Summer precisaria criar a própria "cozinha", com baixo e bateria, e isso significaria uma mudança enorme na estrutura do grupo.

Resolver o problema do baixo era fácil, pois o autoproclamado "pior guitarrista do mundo" Calum se ofereceu para assumir o instrumento. No início, porém, os garotos precisaram improvisar, como Ashton explicou à *Billboard*: "Calum nem tinha um baixo. Ele tocava com a sexta corda do violão." Embora seja parecido com a guitarra rítmica, tocar baixo exige um conjunto completamente diferente de regras e habilidades. A linha de baixo dita o ritmo de cada música, trabalhando lado a lado com a batida fornecida pelo baterista e atuando como a base sólida a partir da qual se constrói uma canção. Resumidamente, esse era o principal problema do 5 Seconds: eles não tinham um baterista, e marcar shows assim parecia um caso grave de colocar o carro na frente dos bois. Para sorte deles, alguém observava a banda de longe e estava pronto e disposto a dar a ajudinha de que tanto precisavam. O 5 Seconds of Summer estava prestes a encontrar o ingrediente principal que lhe faltava bem na hora em que mais precisavam. Eles estavam prestes a encontrar um baterista.

CAPÍTULO CINCO

ASHTON IRWIN: O SOM DOS TAMBORES

"Essa banda me deu a chance de voltar a ser criança."
Ashton Irwin (@Ashton5SOS), no Twitter

Em 2011, Luke, Michael e Calum davam os primeiros passos rumo ao estrelato. É bem verdade que àquela altura a fama deles se restringia às famílias e alguns milhares de fãs na internet, mas as pessoas ao redor estavam começando a pensar que havia algum potencial de verdade naquela banda iniciante.

Eles logo passaram das apresentações improvisadas em casa para as famílias aos shows em pequenos eventos locais. Os três garotos viraram bons amigos, e o aumento na confiança que sentiram após a reação positiva aos primeiros vídeos os uniu ainda mais. O único problema mesmo era que eles faziam shows como três guitarristas cantores — e ficava bom, mas não era exatamente *rock and roll* e definitivamente não era punk. Seus heróis do Blink-182 jamais sentiram a necessidade de ir além do núcleo básico dos integrantes Mark Hoppus, Tom DeLonge e Travis Barker, e até o Green Day sobreviveu como trio por vários anos. Mas o 5 Seconds of Summer queria começar o seu próximo capítulo como uma banda de quatro integrantes, e isso significava vocal, guitarra, baixo e bateria. Se essa configuração bastava para os Beatles, teria que bastar para o 5 Seconds. Eles já tinham as guitarras e, com uma pequena reorganização, conseguiram até o baixista, mas o que faltava mesmo era um baterista.

Ashton Fletcher Irwin nasceu no dia 7 de julho de 1994 e foi criado pela mãe, Anne Marie, no subúrbio de Hornsby, situado 25 quilômetros a noroeste de Sydney. Ao contrário de Luke, Michael e Calum, ele não estudou na Norwest College, mas frequentou a escola estadual não cristã Richmond High, que ficava alguns quilômetros a oeste da cidade onde nasceu.

A vida de Ashton era bem mais complicada que a dos colegas do 5SOS, pois seus pais se divorciaram quando ele ainda era criança, exigindo que o menino cumprisse tarefas extras em casa. Ele disse à revista *Top of the Pops*: "Meus pais se separaram quando eu era bem criança, e, por ser o mais velho, precisei tomar conta da minha irmã [...] então cresci com minha mãe e a irmã caçula. Éramos só nós três até chegar o meu irmãozinho." Assim, esperava-se que Ashton fizesse mais do que a sua cota de tarefas domésticas e ganhasse um dinheirinho para ajudar a sustentar a família. Em vários aspectos, ele foi obrigado a assumir o papel de homem da casa desde cedo. Mesmo tendo achado a vida sem um pai bem difícil no começo, considerando "algo muito complicado de superar" e que "às vezes dava medo", Ashton também reconheceu que isso o fez amadurecer muito mais rápido que os outros, algo que não era "necessariamente ruim". No fim das contas, o afastamento do pai fortaleceu os laços com a mãe. Essa ligação continua intacta, não importa para onde as viagens o levem, e não a deixa tão preocupada com o filho quando está longe de casa, segundo disse ao *60 Minutes*: "Ele manda mensagem no celular todo dia: 'Te amo, mãe.' Eu leio essa mensagem, mesmo se for às três da manhã, e depois volto a dormir."

Não chega a surpreender que essa maturidade e responsabilidade tenha levado Ashton a assumir um lugar de "figura paterna" no 5 Seconds of Summer. Mas em vez de ser sério ou dominador, ele é "o mais falante e engraçado" do grupo e assume o papel de líder. A posição de Ashton na casa dos Irwin deu a ele bom senso, estabilidade e uma personalidade sólida, qualidades que se mostraram fundamentais no ambiente agitado e imprevisível no qual ele se envolveria.

A fim de ajudá-lo a explorar o amor pela música e a desenvolver suas habilidades na área após terminar o ensino médio, Ashton decidiu fazer um curso técnico local para completar os estudos. Contudo, ele teve dificuldade em associar a paixão pela música aos trabalhos do curso e acabou recebendo um F em uma das matérias, como disse ao programa de TV de Sydney chamado *Sunrise*: "Fui reprovado em apresentação musical [...] Foi bem triste." Sem se abalar pela aparente falta de talento acadêmico, Ashton continuou a correr atrás do sonho de entrar em uma banda de sucesso, tocando com vários grupos no início da adolescência e aperfeiçoando a habilidade na bateria.

A maior inspiração musical de Ashton quando era mais novo foi a banda Green Day, e ele considera ter ouvido o álbum de 2005 *Bullet in a Bible* uma das experiências mais importantes da adolescência. Em entrevista à *Alternative Press*, explicou: "Sou mais fã das gravações ao vivo do Green Day. Eles são incríveis." E também descreveu o álbum em sua conta oficial no Twitter como: "Minha gravação favorita de todos os tempos. Me ajudou a descobrir o que eu queria fazer da vida [...] Muito rock e divertir as pessoas!"

Segundo a mãe dele, Ashton estava muito confiante. Ele herdou essa autossuficiência dela e desde cedo "era bem seguro e dava a cara a tapa", mas ainda se considerava uma pessoa deslocada na escola, igual aos colegas de banda. Talvez a função de "quase pai" dos irmãos mais novos ou a falta de tempo livre no início da adolescência tenha tirado dele a oportunidade de formar os laços que normalmente se criam na época de escola. Seja qual for o motivo, ele nunca foi um dos "garotos populares", e isso prejudicou sua experiência com namoros. Ashton descreve a garota ideal em uma entrevista à *Top of the Pops*: "Caráter é fundamental, então eu procuro uma pessoa confiante e interessante." Ele lembra que todas as tentativas de fingir ser algo que não era foram um fracasso completo: "Tentei fazer aquele negócio de 'ser descolado' em um encontro, mas não deu certo." Ashton precisaria esperar até encontrar a garota certa, que acharia o fato de ser o baterista de uma das maiores bandas pop algo *realmente* maneiro.

ASHTON IRWIN: O SOM DOS TAMBORES

Kendall Jenner, estrela de reality show e irmã por parte de mãe das infames irmãs Kardashian, que apresentou o 5 Seconds of Summer em sua primeira grande aparição na TV norte-americana no Billboard Music Awards de 2014, teria namorado Ashton por algum tempo. O *Mail Online* especulou sobre o relacionamento do casal, dizendo que Kendall foi vista "curtindo uma noitada em Nova York com o astro do 5 Seconds of Summer, de onde saíram juntos em um táxi." Mas parecia improvável que algo sério estivesse acontecendo entre os dois, pois Ashton e Luke disseram em uma entrevista ao programa de rádio *2Day FM Breakfast Show* alguns dias depois: "Você conhece as pessoas de vez em quando, mas este é o lado ruim do trabalho, porque não as vê todos os dias." Antes de ser associado à Kendall, Ashton também tinha brincado sobre entrar no site de namoro Tinder, mas, como os outros integrantes da banda, ele precisaria deixar de lado qualquer ideia de ter um relacionamento de longo prazo.

Ashton é o elemento estranho na banda por não ter estudado na Norwest College e por ser um pouco mais velho que os outros, mas o mais surpreendente é que antes de entrar no grupo ele estava longe de ser fã do 5 Seconds of Summer. Como os meninos eram celebridades locais, Ashton conhecia muito bem os primeiros vídeos da banda pelo YouTube, mas não ficou nem um pouco impressionado. Segundo ele, os garotos estavam brincando demais, esquecendo as letras das músicas e precisavam levar a si mesmos (e a música) mais a sério. Podemos dizer que ele basicamente achou esse negócio do 5SOS uma piada. Quando o *60 Minutes* perguntou se Ashton pensou que o 5 Seconds of Summer precisava de ajuda, a resposta foi: "Claro que sim."

Afinal, Ashton já tinha se mostrado um músico de talento (além de bateria, ele também toca piano e guitarra) e começou a fazer shows por Sydney com outras bandas, entre elas uma dupla com o amigo Blake Green chamada Swallow the Goldfish. A página deles no Twitter foi lançada em junho de 2011 e os descrevia como "uma dupla acústica de Sydney [que] toca músicas próprias, além de todos os sucessos atuais de que você mais gosta." O projeto, porém, acabou tendo vida curta, pois Ashton logo foi cortejado para entrar em outra banda local chamada 5 Seconds of Summer.

O 5 Seconds ainda não tinha encontrado a quarta pessoa fundamental para preencher a vaga na bateria, e com o importantíssimo show no Annandale Hotel se aproximando a banda procurava desesperadamente alguém que pudesse ajudar. Considerando que havia pouca possibilidade de encontrar o baterista certo por meio de um processo normal de audições, os garotos decidiram procurar todos os bateristas que conheciam. Calum depois disse ao *Punktastic*: "Michael mandou mensagem para Ashton no Facebook. Ele conhecia Ashton por um dos nossos amigos e perguntou: 'Cara, esse show que a gente marcou vai estar supercheio. Você gostaria de tocar bateria com a gente?' E Ashton respondeu: 'Pô, claro, vai ser irado!'" Mesmo se apenas uma pequena parcela dos fãs da internet aparecesse, Ashton calculou que a promessa de centenas de fãs gritando não seria exatamente um exagero e estava convencido de que poderia resolver os problemas que percebeu nas apresentações da banda na internet.

ASHTON IRWIN: O SOM DOS TAMBORES

Os meninos pediram que Ashton fizesse alguns ensaios rápidos e informais antes do show. A intenção era passar um tempo juntos, tocar algumas músicas e ver se eles se davam bem. As primeiras impressões envolveram desde chamá-lo de "animado" até comentar o "cabelo sensacional", os "dedos longos" e o "sorriso campeão" do novo integrante. Michael fez piada ao recordar esse primeiro encontro em um dos vídeos deles na internet: "Todos nós o julgamos porque ele estava usando uma camisa roxa horrorosa."

O gosto duvidoso de Ashton para roupas era o menor dos problemas do 5 Seconds. Quando ele declarou não estar interessado em jogar Fifa e nem gostar de jogos de computador em geral, parecia que ele não se encaixaria no grupo. Felizmente, os meninos relevaram a falta de entusiasmo de Ashton pelos jogos (algo particularmente difícil para Michael) e reconhecerem as habilidades dele como baterista. Ashton era bem mais pé no chão do que os outros garotos. "Eu os conheci, e tudo pareceu legal. Todos me acham meio estranho, mas esses caras gostam de mim, eu gosto deles e a gente se dá bem", disse. Não há dúvida de que esse foi o argumento decisivo.

Formada essa aliança temporária, o show em Annandale estava garantido. Apesar de Michael ter se vangloriado e prometido uma plateia com mais de duzentas fãs gritando, não foi bem isso o que aconteceu, segundo Calum: "Umas 12 pessoas apareceram, foi o pior show do mundo." E uma dessas 12 pessoas era a mãe de Ashton, que veio torcer pelo filho. Porém, os garotos se sentiram bem tocando juntos, e logo depois do show, conforme Calum explicou à revista *Seventeen*, "[Eu] fiquei de joelhos e pedi ao Ashton para ficar na banda". Sem hesitar, Ashton aceitou. Foi realmente uma união perfeita.

O show em Annandale foi um começo pouco promissor, mas o novo baterista sentiu que algo especial estava acontecendo. "Eu me lembro do nosso visual na primeira foto da banda. Tínhamos umas franjas emo sensacionais", recordou Ashton na *Billboard*. "Continuo dizendo que foi o meu show favorito: O Dia Mágico, 3 de dezembro de 2011." Reconhecendo que toda grande banda precisa começar de algum lugar, ele disse ao *Sydney Morning Herald*: "No começo, você precisa ser horrível, ter instrumentos péssimos, não ser capaz de comprar algo melhor, começar de baixo e trabalhar muito para a banda crescer."

Foi essa atitude, agora introjetada na mente dos outros garotos, que fez de Ashton o ingrediente que faltava. Quase imediatamente, a dinâmica da banda ficou diferente, algo se encaixou e, segundo Calum explicaria depois, "Ashton ajudou a nos unir mais porque começamos a ensaiar de verdade". Michael confirmou a importância do baterista: "Era a peça que faltava no quebra-cabeça. Ele meio que nos guiou", e fez a piada: "Literalmente até, porque era o único que podia dirigir." O papel fundamental do baterista para o sucesso do 5SOS jamais poderá ser negado, e ter sido o último a entrar na banda não significou um comprometimento menor do que o dos integrantes originais: ele tem até uma tatuagem do logotipo do 5SOS para provar!

Com todas as peças finalmente no lugar, nada iria impedir o 5 Seconds of Summer de levar a sua vertente singular de pop-punk "faça você mesmo" para o mundo. O estilo da banda podia estar em desacordo com tudo o que era contemporâneo, mas eles estavam determinados a sempre tocar o que desejavam. Sem medo de trabalho duro, eles começaram de baixo.

Eram quatro caras dispostos a tudo para fazer sucesso e com uma atitude que dizia: "Podemos fazer isso sozinhos." Os resultados apareceram rapidamente, e o compromisso de manter os fãs na internet começou a render frutos. Como Ashton depois explicaria ao *Musictakeabow.com*, o método deles de criar uma base sólida de fãs os fez perceber que estavam no começo de uma pequena revolução: "Acho que isso mudou a indústria musical, de certa forma. Você agora pode criar uma base de fãs antes de chegar a lançar algo, então é bem esquisito. Antes nós precisaríamos [fazer turnê e] ralar, tipo, por vários anos, mas agora essa não é a única forma de criar um grupo de fãs." Era um jeito punk de fazer as coisas: sem ajuda, sem regras e definitivamente sem limites.

CAPÍTULO SEIS

"VOLTANDO COM ESSE NEGÓCIO DE BANDA"

"Quando nos conhecemos, percebemos que éramos iguais. Nós não nos encaixamos em qualquer ambiente."
Ashton Irwin, no *The Guardian*

O show do Annandale Hotel foi bem tosco, o que é compreensível. Ashton o descreveu ao *USA Today* como "uma apresentação terrível", mas logo explicou por que esse desastre ocupa um lugar cativo na história do 5SOS e o motivo de ainda o considerar uma das lembranças mais queridas do seu período com a banda: "Era tudo tão novo para nós [...] Havia algo ali que eu e os outros garotos adoramos. Sabíamos que era o começo de uma coisa legal para nós." Calum também sentiu a química instantânea e o potencial repentino para o sucesso, dizendo à

Billboard: "Fomos péssimos, mas tudo correu bem entre nós quatro no palco."

Com Ashton agora no grupo, a banda anunciou que enfim encontrou seu baterista e o apresentou oficialmente como o mais novo integrante da banda. Para fechar o acordo, ele participou do chat pelo Ustream, e todos lançaram suas contas individuais do 5SOS no Twitter. Em alguns dias a primeira apresentação deles como quarteto, uma versão de "Teenage Dirtbag" (originalmente gravada pelo Wheatus), foi publicada no YouTube e compartilhada nas redes sociais da banda, mas ainda tinha o mesmo estilo tosco, porém eficaz, dos vídeos feitos como trio, conforme Ashton explicou: "Todos faziam esses vídeos limpinhos e incríveis com versões de músicas conhecidas, e a gente só tinha um iPhone. A gente apoiava o iPhone no tripé do microfone e começava a filmar." Apesar da falta de grana, havia sem dúvida um equilíbrio maior no grupo como quarteto. A apresentação, porém, é levemente caótica. Tímido, Luke evita cantar a letra (um pouco) grosseira da música, mas com Ashton ditando o ritmo em uma bateria eletrônica, não há como negar a química que há entre eles e o fato de o 5 Seconds of Summer finalmente parecer uma banda de verdade. Os fãs concordaram, e a versão de "Teenage Dirtbag" passou de 17 mil visualizações em apenas quatro dias.

Os garotos tiraram uma folga merecida para aproveitar as festas de fim de ano, mas nem a virada de 2012 impediu a criatividade inspirada pela chegada de Ashton, que estava a todo vapor, e novos vídeos não paravam de aparecer. Nas semanas seguintes, o 5SOS publicou versões de "Jasey Rae" do All Time Low e um pot-pourri com os sucessos do One Direction "What

"VOLTANDO COM ESSE NEGÓCIO DE BANDA"

Makes You Beautiful" e "One Thing". Mais uma vez a banda mostrava a diversidade do seu gosto musical, também atendendo aos pedidos frenéticos dos fãs para que cantassem uma música da maior *boy band* do planeta.

Além disso, o trabalho deles estava começando a ser notado fora do pequeno e fechado mundinho do 5SOS. Estações de rádio pelo mundo estavam recebendo pedidos para tocar as músicas da banda, e a rádio norte-americana WPLW da Carolina do Norte chegou a se gabar: "Recebíamos tuítes um ano antes de o 5 Seconds of Summer ser contratado por uma grande gravadora." Os números impressionantes nas redes sociais e o apelo jovem também chamaram a atenção da indústria musical, e várias gravadoras abordaram a banda, ansiosas para contratá-la e seguir a próxima etapa rumo ao estrelato. Ainda bem que os garotos foram espertos o bastante para saber que não estavam nem um pouco preparados, e ainda estavam decidindo exatamente qual tipo de banda gostariam de ser. Eles reconheciam que tinham muito a aprender sobre fazer shows, e havia também outra "pequena" questão a ser considerada: era preciso terminar os estudos.

Chamando para si a responsabilidade de melhorar suas apresentações, o 5SOS estava determinado a melhorar o máximo possível sua performance ao vivo. Ashton revelou ao Vevo: "Realmente trabalhamos muito para ser uma boa banda. Fizemos o possível para virar uma banda boa e convincente." Ele descreveu a que ponto os garotos chegaram em uma entrevista ao *Sydney Morning Herald*: "Fizemos de tudo. Até ensaiamos no escuro! Achamos que se não pudéssemos ver o que estávamos fazendo e conseguíssemos tocar mesmo assim, então soaríamos bem com as luzes ligadas. Queremos ser uma banda convincente ao vivo para que as pessoas possam nos ver e dizer: 'É melhor que a versão do álbum.'" Percebendo que o método parecia radical, Michael acrescentou: "Sei que é meio esquisito, mas funcionou." Embora o comprometimento e o profissionalismo precoce dos garotos mereçam elogios, logo ficou claro que sozinhos eles só conseguiriam chegar a um determinado ponto. Mesmo com o excelente apoio da família e dos amigos mais próximos, era evidente que precisavam de ajuda profissional.

O primeiro item da agenda era levar os garotos para um estúdio de gravação. Em outra ocasião, durante uma visita ao Studios 301, o maior complexo de estúdios da Austrália, os garotos tiveram um encontro decisivo com o gerente do local, Adam Wilkinson, que teve uma longa e bem-sucedida carreira administrando vários estúdios de gravação antes de empresariar artistas. No Studios 301 ele gravou álbuns de vários nomes locais e acabou trabalhando com astros e estrelas internacionais como Coldplay, Lana Del Rey e Kylie Minogue. No início de 2012, Wilkinson fundou a própria empresa para administrar a carreira de artistas, chamada AWM Management, e tinha um dom especial para contratar jovens talentos australianos. O encontro fortuito com o 5 Seconds of Summer bastou para chamar a atenção, disse ele ao *Music Network*: "Gostei imediatamente do visual dos garotos e queria trabalhar com a banda, mas tinha esquecido o nome deles!" Ele continuou: "Recorri ao Facebook e YouTube até finalmente conseguir encontrá-los e entrar em contato com o baterista, Ashton." Wilkinson brincou que o motivo de Ashton ter respondido foi pela mensagem ter sido a única recebida por um fã do sexo masculino. Ele acabou assinando

"VOLTANDO COM ESSE NEGÓCIO DE BANDA"

um contrato com a banda em que dividia as funções de empresário com Matt Emsell, da Wonder Management.

Wilkinson tinha trabalhado com Matt Emsell havia alguns anos, mas achou que a empresa dele não só tinha a experiência necessária para empresariar artistas, como poderia oferecer ao 5SOS o mais importante: uma abordagem mais pessoal e familiar na promoção da carreira deles. Como Wilkinson, Emsell era um veterano da indústria. Havia cuidado do início da carreira de vários nomes australianos que ganharam discos de platina, como o cantor e compositor Matt Corby, a banda de pop-rock Evermore e o grupo de pop-punk Amy Meredith.

Com Wilkinson e Emsell fazendo parte da equipe, as coisas começaram a andar mais rápido. Foi decidido que, em vez de assinar contrato com uma gravadora às pressas, algo de que poderiam se arrepender depois, eles primeiro deveriam assinar com uma editora musical, que poderia ajudá-los a dar os primeiros passos para escrever canções e assumir o controle da própria música. Eles decidiram pela Sony/ATV, uma das empresas mais respeitadas no ramo da edição musical, cujo repertório imenso e variado de artistas internacionais bem-sucedidos inclui Beyoncé, Taylor Swift, John Legend, George Michael e Rihanna. Não demorou para que os garotos perguntassem às fãs o que elas gostariam de ver na loja oficial da banda. Além disso, passaram a ter um logotipo mais profissional, e o mais empolgante de tudo: eles iriam anunciar a primeira turnê australiana.

Matt Emsell era especialmente bem-preparado para transformar o 5 Seconds of Summer de fenômeno local em grandes astros mundiais. A teoria dele sobre criar um grupo de fãs do zero tinha funcionado incrivelmente bem com um dos seus primeiros contratados, o Evermore, no início dos anos 2000. Como o 5 Seconds of Summer, o Evermore fazia um tipo de pop-rock que atraía o público jovem e feminino, e foi esse grupo de fãs que formou o núcleo básico das primeiras plateias deles em shows. Emsell viu a importância de investir nesse grupo pequeno e dedicado de fãs, fazendo com que se envolvessem totalmente com a banda nos primeiros dias de estrada. "Encontrar os primeiros dez mil fãs exige muito trabalho, cuidado e paciência [...] Depois de tocar, a banda encontrava os fãs e passava um tempo com eles, vendendo pessoalmente e autografando singles em CD. Eles encontraram muita gente em dois anos, e esses fãs se sentiam especiais [...] Eles viam um show, conheciam a banda pessoalmente e viraram evangelistas, ligando para as rádios locais e pedindo as músicas da banda. Isso impulsionou a carreira deles", disse ao *Startupsmart.com*. Este impulso acabaria rendendo ao Evermore alguns álbuns de platina e uma série de sucessos entre 2004 e 2009.

Com a vantagem que o 5SOS já tinha nesse quesito, criar uma base sólida de fãs seria um pouco mais fácil, pois o grupo evangelizador já existia. A insistência da banda em manter um contato próximo com os fãs pelas redes sociais agora estava rendendo frutos, como definiu Ashton: "Damos atenção aos nossos fãs na internet, e eles retribuem mesmo. Compartilham nossas coisas e realmente nos ajudam nessa jornada." Contudo, o grupo sabia muito bem que esse tipo de acesso irrestrito poderia levar à perda da magia e da privacidade. Ashton continuou: "Não estamos mais nos anos oitenta e não somos astros de rock misteriosos. As pessoas sabem tudo o que fazemos." Michael fez questão de dizer ao *MusicFeeds.com* o quanto a atenção

"VOLTANDO COM ESSE NEGÓCIO DE BANDA"

significava para eles: "Fãs nos procuram em todos os lugares agora [...] é muito surreal para nós porque ainda estamos na escola e temos uma vida normal, como qualquer outro adolescente [...] Mas amamos muito nossos fãs e somos muito gratos por ter um grupo de fãs tão dedicado."

Os planos de Emsell para envolver os fãs incluíam até a apresentação da banda durante esses importantíssimos primeiros shows. "Ninguém gosta de ficar num bar vazio, não importa o quanto a música seja boa. A melhor forma de vivenciar uma banda nova é num local pequeno cheio de fãs gritando, um pequeno grupo de lançadores de tendências que será o primeiro do mundo a descobrir esse grande talento [...] Aí um dia eles poderão dizer: 'Eu os vi no local tal com outras duas mil pessoas e agora eles estão tocando em estádios.'"

Com essa teoria em mente, a banda estava programada para fazer três shows, em Sydney, Melbourne e Brisbane, em espaços relativamente pequenos, com capacidade entre duzentas e trezentas pessoas. Na pré-venda os ingressos esgotaram em minutos e, de acordo com a imprensa, os sites caíram devido à procura excepcional. Os garotos anunciaram um segundo show em cada um dos locais, e eles também esgotaram em poucos minutos. O 5 Seconds of Summer estava oficialmente lançado, já com a primeira turnê esgotada no currículo.

Com poucas músicas originais àquela altura, os garotos precisavam decidir quais das várias regravações iriam usar. O estúdio estava reservado para o dia 21 de abril, e o 5 Seconds deu os primeiros passos na direção de um mundo bem maior. A primeira canção que gravaram juntos em um estúdio profissional foi "I Miss You", música do Blink-182 que virou uma das favoritas não só da banda como também dos fãs. Esse single se destaca como exemplo perfeito da disposição dos garotos para refletir sobre o produto e tentar redescobrir e retrabalhar músicas que podem ser completamente novas para vários de seus admiradores mais jovens. Afinal, o Blink-182 lançou "I Miss You" quando Luke tinha apenas 7 anos de idade.

No início de maio de 2012, um site norte-americano chamado *Hot Hits* deu à banda a primeira resenha internacional, que, com elogios rasgados, rotulava o 5SOS como "a banda pela qual você deveria estar obcecado". De volta à Austrália, ninguém precisava desse conselho, pois à medida que as datas dos shows se aproximavam a empolgação das fãs chegava quase ao delírio. Os garotos deram a primeira entrevista ao *MusicFeeds.com*, na qual Ashton, sempre o porta-voz, discutia o progresso rápido deles e dava pistas sobre os planos para o futuro. "Somos uma banda há apenas quatro meses, mas esperamos começar a trabalhar para lançar material original o mais rápido possível [...] Temos um monte de sessões de composição pela frente, estamos ensaiando algumas vezes por semana e compondo o tempo todo. Queremos fazer a coisa certa para nossos fãs e dar o que eles desejam. Mas estamos todos bem empolgados [...] tudo está acontecendo em um ritmo lento, porém firme."

As gravações continuaram e logo os garotos do 5 Seconds só conseguiam pensar em lançar o primeiro EP para atender aos pedidos da legião de fãs que aumentava cada vez mais. Eles sabiam que esse primeiro trabalho precisaria ter pelo menos algumas das músicas apresentadas nos primeiros vídeos, mas como disseram ao *Daily Telegraph*: "Queremos que as pessoas nos respeitem como músicos em vez de uma banda de covers do

"VOLTANDO COM ESSE NEGÓCIO DE BANDA"

YouTube." Para obter a tão desejada credibilidade, eles tinham que apressar a produção de composições próprias. A segurança deles como compositores aumentou, mas logo perceberam que faltava a habilidade necessária para criar canções com a mesma qualidade das versões que já tinham gravado. O empresário Matt Emsell e os garotos concordaram que era preciso ter colaboradores no processo criativo e tomaram a decisão de procurar outros compositores para trabalhar e gravar com a banda. Felizmente, Emsell tinha outro grupo de rock parecido em seu portfólio, que estava em Sydney e também tinha acabado de assinar com a Sony/ATV Publishing. Em pouco tempo, os garotos do 5SOS se viram confinados em uma sala com a equipe de composição por trás da banda de rock Amy Meredith.

O cantor Christian Lo Russo se uniu a Joel Chapman, Cameron Laing e Wade Osborn para formar o Amy Meredith em 2006. Eles alcançaram sucesso moderado após assinar com a Sony australiana, tendo um álbum entre os dez mais vendidos. Quando o contrato com a Sony terminou, a banda decidiu assinar com uma gravadora independente, esperando ter mais liberdade criativa, além de oportunidade para experimentar e expandir o som deles. Essa disposição de explorar novos caminhos criativos levaria vários integrantes do Amy Meredith a trabalhar com compositores e artistas de fora, incluindo o 5 Seconds of Summer. Todos os envolvidos com o Amy Meredith abraçaram a ideia de ajudar um grupo de jovens músicos talentosos porém inexperientes a encontrar a própria direção musical e adoraram a oportunidade de atuar como mentores na arte da composição, além de beneficiar o 5SOS com a experiência deles no estúdio de gravação.

Foi uma parceria muito bem-sucedida, que abriu a mente dos garotos para o mundo da música profissional e lhes proporcionou uma base sólida sobre o processo de composição e gravação. Nos meses seguintes, o 5SOS encontrou os integrantes do Amy Meredith em várias ocasiões, compondo e gravando uma série de músicas. Uma das canções, "Beside You", composta por Lo Russo e Chapman junto com Luke e Calum, surgiu primeiro no EP *Somewhere New*, sendo depois regravada e virando a canção mais antiga composta pela banda a aparecer no álbum de estreia, quase dois anos depois. Essa música era a queridinha deles. "Sempre a adoramos e ela ficou meio escondida [no EP *Somewhere New*]. Como não queríamos perdê-la, escolhemos refazer essa música", disse Ashton ao site *HMV*.

Essa foi uma época muito especial para o grupo, que viveu novas experiências e pôde se expressar completamente e de forma criativa pela primeira vez. Ashton relembrou a importância dessas primeiras sessões: "Eu me lembro de viajar três horas de trem na Austrália para compor com o pessoal do Amy Meredith. Lembro das músicas que ouvia no trem, de tudo."

Pouco antes da turnê, os garotos decidiram que era hora de dar aos fiéis seguidores um gostinho do trabalho feito nos últimos meses. No dia 21 de maio, eles lançaram o vídeo de sua primeira canção original, "Gotta Get Out". Composição solo de Calum, de batida mais lenta, ritmo alegre e harmonia contagiante, "Gotta Get Out" é um primeiro passo confiante para a banda, e sua letra, evocando tristezas e alegrias, é surpreendentemente madura e sincera. O vídeo é obviamente muito mais profissional do que os anteriores, com vários ângulos de câmera, closes e uma qualidade bem melhor no acabamento. Os

"VOLTANDO COM ESSE NEGÓCIO DE BANDA"

garotos estavam superorgulhosos do próprio esforço, e a segurança deles como artistas crescia a olhos vistos diante das câmeras.

A turnê começou com dois shows no Factory Theatre de Sydney nos dias 25 e 26 de maio, e os garotos levaram o público ao delírio, com direito a contagem regressiva para os shows nas redes sociais e várias oportunidades de interagir com a banda. Eles lançaram uma competição de arte feita pelos fãs em que os melhores trabalhos ganhariam um kit com vários produtos do 5SOS e a oportunidade de ir a um dos eventos de *meet and greet* — literalmente, "encontrar e cumprimentar" — que aconteciam em cada show. Uma ligação tão próxima dos fãs com a banda nessa etapa inicial da carreira praticamente garantiu a lealdade indiscutível da família 5SOS, que não só aumentava como também se sentia valorizada e parte da história do 5SOS. Nem mesmo a mudança de última hora no local de um dos shows em Melbourne tirou o imbatível Expresso 5SOS dos trilhos, e o resto da turnê continuou em um rodamoinho de empolgação e adrenalina. Para comemorar o sucesso dos shows, a banda criou um pôster na internet com fotos enviadas pelos fãs, estimulando os seguidores a se marcarem nas fotos e as compartilharem.

Quando a turnê acabou, o 5 Seconds of Summer estava nos trending topics mundiais no Twitter. Com apenas seis meses de existência como banda, estava claro que a carreira estava indo na direção certa, e o resto do mundo começava a notar os quatro adolescentes de Sydney.

Depois, a loja on-line com produtos do 5SOS foi lançada, primeiro vendendo camisetas que a banda fez para a turnê australiana. Também passou a vender os desenhos feitos pelos garotos em edições limitadas, além de bonés de beisebol, gorros do 5SOS e vários acessórios.

Um novo conjunto de shows foi anunciado, e agora a *Twenty Twelve Tour* levaria o grupo ainda mais longe, chegando a Adelaide, além das cidades onde se apresentaram anteriormente, no final de julho e início de agosto. Conforme o esperado, os ingressos para os shows de Sydney e Brisbane se esgotaram em poucas horas, e os para o resto da turnê estavam vendendo rapidamente.

Mais horas de estúdio foram agendadas, e ainda durante os retoques finais no trabalho a banda anunciou o lançamento do primeiro EP oficial. O *Unplugged EP* tinha duas canções originais, "Gotta Get Out" e "Too Late", além de duas regravações: "I Miss You" e "Jasey Rae" do All Time Low. A inclusão de duas regravações que já tinham aparecido nos primeiros vídeos do YouTube eram lembretes úteis do quanto os garotos já tinham avançado, mostrando um progresso impressionante em suas habilidades musicais, além de terem desenvolvido sofisticação e maturidade na execução das músicas.

Na última hora, o lançamento do EP foi adiado em uma semana, levando a banda a publicar um texto detalhado no Facebook que envolvia o monte Everest, um urso e mandar o Calum buscar o EP como forma de pedir desculpas. O texto também lembrava gentilmente a todos que o primeiro lançamento oficial estaria disponível no iTunes no dia 26 de julho de 2012.

Confortavelmente situado entre os novos álbuns de Maroon 5, Justin Bieber, Katy Perry e Lady Gaga, o *Unplugged EP* do 5 Seconds of Summer ficou em destaque na loja do iTunes, e as vendas começaram bem. Sem uma grande gravadora ou equipe

"VOLTANDO COM ESSE NEGÓCIO DE BANDA"

de marketing para divulgar o EP, os garotos precisaram fazer boa parte do trabalho sozinhos. Eles promoveram o lançamento com uma semana de *meet and greets* e pequenos shows, chats pelo Ustream e várias entrevistas em grandes veículos da imprensa, incluindo uma apresentação acústica ao vivo na rádio Nova FM e uma reportagem em um dos tabloides mais populares da Austrália, o *Daily Telegraph*. A estratégia simples foi extremamente bem-sucedida, e a legião de fãs da banda fez questão de mostrar o seu apoio.

O single alcançou o terceiro lugar na parada australiana do iTunes e chegou até as vinte mais tocadas nas paradas oficiais da Austrália e da Nova Zelândia, além de virar sucesso na Suécia. Um feito incrível para um primeiro single e ainda mais extraordinário quando se leva em conta que foi lançado por conta própria.

A banda e os empresários estavam se sentindo mais confiantes. Estava claro que todos ao redor dos garotos estavam começando a acreditar que o 5 Seconds of Summer tinha potencial para o sucesso, não só na cena musical australiana, mas também mundial. Quando o número de seguidores da banda no Facebook passou dos 50 mil, parecia que o plano de Matt Emsell estava virando realidade: o 5 Seconds of Summer não era mais apenas quatro adolescentes normais com o sonho de formar a própria banda, o grupo estava virando um sucesso global e ainda não estava claro onde essa jornada iria dar.

Do outro lado do mundo, no quartel-general londrino do One Direction, chegavam relatórios sobre uma nova banda pop que tinha acabado de colocar o primeiro single nas paradas, reunido um grupo de seguidores em todo o mundo e prestes a começar a segunda turnê como atração principal na Austrália, tudo isso sem ter contrato com uma grande gravadora. Calum explicou ao *Punktastic* o quanto o interesse do integrante do One Direction Louis Tomlinson no 5SOS foi importante: "Louis encontrou a gente no YouTube e pensou: 'Precisamos fazer algo com essa banda.'" Após alguns telefonemas, concluiu-se que o 5 Seconds of Summer seria o grupo perfeito para abrir os shows do One Direction na próxima turnê mundial. Com a equipe de empresários de Emsell (especialmente Wilkinson) fazendo de tudo para que o acordo acontecesse, foi um momento de euforia para todos os envolvidos com a banda. Michael explicou como aquilo parecia mentira: "Quando os caras começaram a falar sobre isso com a gente, pensamos que era piada."

Durante essa negociação os garotos já estavam na estrada, prestes a embarcar na *Twenty Twelve Tour*. Calum relembra: "Em Adelaide, estávamos almoçando, e colocaram um pedaço de papel na nossa frente dizendo que iríamos fazer uma turnê mundial e listando todos os locais. O papel não acabava nunca. Foi uma loucura."

As coisas estavam sem dúvida andando rapidamente, e cada etapa dava ainda mais impulso ao motor do 5 Seconds of Summer, mas os garotos estavam tendo dificuldade para manter os estudos e o foco na "vida real" em casa. E isso só iria piorar, pois o tempo livre deles era tomado cada vez mais por ensaios da banda, encontros com fãs e o resto de seus novos compromissos. Como Luke disse ao site *Music Feeds*: "Ainda tentamos equilibrar isso com a escola, mas estamos levando da melhor forma possível."

"VOLTANDO COM ESSE NEGÓCIO DE BANDA"

Infelizmente, não era apenas a vida escolar deles que sofria com o peso dessa pressão extra. O namoro de Luke terminou em agosto, com uma Aleisha magoada publicando em sua página do Facebook: "Hoje definitivamente conquistou o título de pior dia da minha vida." Parece que o casal decidiu terminar amigavelmente, sem dúvida em consequência da agenda cada vez mais cheia de Luke. Apesar disso, o sentimento dele por Aleisha aparentemente continuou forte como nunca. Alguns meses depois, quando um fã pediu em uma sessão de perguntas e respostas feitas pelo Twitter que Luke contasse qual foi a melhor coisa que aconteceu na vida dele além do 5SOS, ele respondeu: "Provavelmente, minha ex-namorada."

Faltando pouco mais de seis meses para o início da turnê do One Direction, os quatro rapazes tomaram a decisão de priorizar a banda. Havia muito trabalho a fazer até que eles estivessem totalmente prontos para esse desafio. Não poderia haver distração alguma. Eles precisavam se concentrar cem por cento na banda, então mantiveram o foco no trabalho e ralaram muito. O 5 Seconds precisava manter os ensaios se quisesse estar com o show pronto a tempo, e também era necessário produzir mais material para apresentar. Eles não tinham a menor intenção de excursionar pelo mundo tocando apenas um monte de músicas feitas por outros artistas.

As sessões de composição com os integrantes do Amy Meredith foram extremamente produtivas e ajudaram a esclarecer os garotos sobre a direção que gostariam de dar à banda em termos musicais. Ansiosos por encontrar mais parceiros de composição que pudessem ajudá-los a construir um repertório variado de material original para lançar outro EP de músicas novas e depois o primeiro álbum, eles procuraram vários parceiros em potencial, e dessa vez jogaram a rede bem longe.

Os garotos estavam começando a decidir o som que gostariam de fazer. Ashton explicou ao Vevo: "Todos nós crescemos na época do Green Day [...] e esse tipo de música nos influencia muito hoje." Luke confirmou a importância de outra banda de rock bem-sucedida dos Estados Unidos, o Good Charlotte, para o seu plano: "[Eles] são o motivo pelo qual comecei a tocar guitarra. Foi assim que todos nós começamos, bandas como essa são o motivo."

Embora seja verdade que no período entre 1995 e 2005 bandas como Green Day, Blink-182 e Good Charlotte tenham sido grandes nomes da música internacional, nenhuma delas estava interessada especificamente no grande público do pop como seus contemporâneos Spice Girls, *NSYNC e Backstreet Boys. Portanto, naquela época nenhum deles chegou a atrair uma plateia muito mais jovem e feminina, o tipo de fãs que o 5 Seconds of Summer já parecia ter conquistado. Indicando como as coisas mudaram desde o estouro do pop-punk no início dos anos 2000, o produtor John Feldmann, um dos colaboradores do 5SOS, observou em uma entrevista à *Billboard* em agosto de 2014: "Na primeira onda do Green Day e Blink-182, [o público era] 98 por cento de homens [...] Agora eu diria que é composto por oitenta por cento de garotas."

Estava claro que a decisão tomada pelos garotos de continuar no caminho indicado pelas primeiras influências musicais era inteligente, mas eles também não queriam ser uma cópia de seus heróis. Alguns elementos do pop-punk de que tanto gostavam não se encaixavam bem com o plano deles, como Ashton

"VOLTANDO COM ESSE NEGÓCIO DE BANDA"

depois diria à *Alternative Press*: "Se tem uma coisa que eu odeio no pop-punk são as pessoas pensando que você precisa fazer aquele negócio [tempo dobrado] [...] Acho meio feio [...] Fui criado com isso. Quando ia aos pubs e via bandas assim eu só conseguia pensar: 'Vai mais devagar!'"

Eles queriam refinar, adaptar e atualizar o som desses grupos para a plateia de hoje, como Michael explicou: "Somos um grande filho ilegítimo de todas as nossas influências. Pegamos as influências pop e modernizamos porque, no fim das contas, queremos modernizar o rock dos anos 1990 e início dos 2000 com o pop de hoje." Embora os meninos do 5SOS estivessem especialmente interessados em acrescentar o elemento pop na mistura, sabendo que atrairia os fãs atuais, eles não queriam diluir a essência da banda (afinal, eram músicos de verdade que tocavam os próprios instrumentos), e a ideia de receber músicas de uma equipe de produtores anônimos para cantar nunca havia passado pela cabeça deles. Embora respeitem outros grupos que representam esse estilo mais tradicional da "boy band pop em que todos cantam e dançam", visto que regravaram músicas tanto do One Direction quanto do Backstreet Boys, eles queriam ser conhecidos pela habilidade musical e por fazer as próprias canções. Calum resumiu sucintamente dizendo ao Vevo que o 5 Seconds queria "trazer de volta esse negócio de banda".

Certamente foi o caminho mais difícil. Embora o som pop-punk movido a guitarras tenha saído um pouco de moda nos últimos anos, substituído nas paradas comerciais por uma série de artistas pop, dance e R&B mais aprimorados, o estilo ainda estava indo bem. Um novo tipo de banda de rock com som mais sofisticado estava surgindo, especialmente nos Estados Unidos, e inspirando vários jovens músicos (incluindo os do 5SOS) a pegar guitarras e formar bandas. Grupos como All Time Low, Mayday Parade e A Day To Remember estavam emergindo do underground e conquistando uma aceitação comercial mais ampla. O que os garotos do 5 Seconds of Summer começaram a perceber era que se conseguissem misturar os estilos pop, rock e punk teriam uma fórmula vencedora que preencheria uma imensa lacuna no mercado.

Embora algumas faixas que misturam pop-rock com sucesso e credibilidade, como "Since U Been Gone" da Kelly Clarkson e "So What" da Pink, tenham sido criadas em estúdio com a ajuda de produtores pop, o envolvimento da artista variou de acordo com o caso. Encontrar compositores experientes dispostos a sentar, às vezes por várias semanas, com cantores e bandas inexperientes para ajudá-los a transformar as próprias ideias em canções pode ser bem difícil. Felizmente havia um lugar onde a mistura experimental de gêneros já tinha dado certo e que também era o lar de uma quantidade absurda de compositores com as mesmas ideias. Quase dez anos antes, uma jovem banda chamada Busted estourou no Reino Unido fazendo também uma mistura vibrante de pop-punk e rock. Os garotos do 5 Seconds of Summer estavam prestes a achar pessoas com interesses em comum do outro lado do mundo, em Londres.

Veio a público que vários compositores e equipes de produtores britânicos, incluindo James Bourne do Busted e Tom Fletcher do McFly, demonstraram interesse em se encontrar com Luke, Michael, Calum e Ashton. Eles não só estavam disponíveis como bastante animados para dar palpites no som do

"VOLTANDO COM ESSE NEGÓCIO DE BANDA"

5 Seconds of Summer. Assim, foi elaborado um plano para mandar os garotos em uma viagem de duas semanas a Londres para compor, esperando que as colaborações pudessem ser boas o suficiente para que eles voltassem à Austrália com a maior parte do álbum de estreia composto e pronto para gravar. Uma viagem a Londres também poderia dar a eles a oportunidade de conhecer o One Direction, futuros colegas de turnê, e acertar os últimos detalhes do contrato para os shows.

No fim de agosto de 2012, um dia após os garotos terem feito um show acústico gratuito no Hyde Park de Sydney, eles disseram aos fãs que iriam a Londres em menos de um mês. Antes da viagem a banda deu uma pista sobre o motivo da longa ausência, publicando um vídeo cantando "Year 3000" do Busted. Eles também fizeram vários outros anúncios sobre a agenda que teriam pela frente, incluindo o primeiro show fora da Austrália (uma apresentação na Nova Zelândia, em 3 de novembro). Contudo, o mais impressionante era que, graças a outro contrato fechado por Wilkinson, logo depois de voltarem de Londres, o 5SOS se juntaria à banda de rock americana Hot Chelle Rae e ao artista de abertura deles, o finalista do *X Factor* britânico Cher Lloyd, na parte australiana da turnê. Embora os garotos já tivessem tocado em todas essas cidades, esses eram de longe os maiores shows até agora.

A viagem a Londres foi uma oportunidade incrível para o quarteto e seria inimaginável há alguns meses, e era especialmente empolgante para Luke, que nunca tinha saído da Austrália.

O primeiro compromisso da agenda era fazer um pequeno show acústico no Hyde Park londrino. Eles estavam loucos para conhecer os fãs do outro lado do mundo e os convidaram para a apresentação pelo Twitter e Facebook. Parecia extraordinário se alguém chegasse a aparecer, considerando que eles vinham de outro continente a milhares de quilômetros de distância e ainda não tinham lançado música alguma para que os fãs britânicos pudessem comprar. Mesmo assim, apareceu um grupo bem animado de aproximadamente cinquenta pessoas para ouvir algumas músicas e conversar com os meninos.

No decorrer dessa aventura londrina, o grupo encontrou alguns dos compositores mais experientes do Reino Unido e solidificou novas e importantes parcerias profissionais, iniciando o que seria o período mais agitado da vida deles. Pouco antes de saírem do Reino Unido e voltarem para casa, como um agradecimento aos fãs britânicos, eles publicaram uma versão de "Give Me Love" do Ed Sheeran ao vivo da residência londrina da banda. O gesto serviu para destacar o quão longe a atividade nas redes sociais tinha levado a banda (literalmente, afinal estavam em Londres).

Eles voltaram à Austrália devidamente motivados. A viagem a Londres tinha ajudado a desenvolver e exercitar ainda mais a criatividade e, com uma autoconfiança cada vez maior, o 5SOS continuou a compor e gravar com Christian e Joel do Amy Meredith e estava cada vez mais perto de lançar o próximo EP. No final de outubro, após garantir os shows com o Hot Chelle Rae, os garotos deram os toques finais às novas canções que tinham gravado e anunciaram para os fãs ansiosos que lançariam o EP *Somewhere New* na primeira semana de dezembro.

"VOLTANDO COM ESSE NEGÓCIO DE BANDA"

O que não havia como saber era que o mundo deles iria virar de cabeça para baixo. Uma mensagem contendo apenas 11 palavras estava prestes a se transformar no material promocional mais importante que eles receberiam e mudaria a vida daqueles quatro garotos para sempre.

CAPÍTULO SETE

LONDRES CHAMANDO

"Londres, tão fria!!!"
5 Seconds of Summer, no Facebook

O tuíte enviado no dia 6 de novembro de 2012 dizia: "Sou fã dessa banda há algum tempo e todos precisam conhecê-la" e vinha com um link para o vídeo de "Gotta Get Out" no YouTube. Embora o 5 Seconds tenha recebido muitas mensagens motivadoras desse tipo no ano anterior, esta saiu do Twitter de Louis Tomlinson, um membro do One Direction, a maior boy band do mundo.

A história da relação entre os dois grupos é fascinante. Dizem que Louis encontrou o vídeo da banda cantando "Teenage

Dirtbag" no YouTube há algum tempo. Deve ter causado uma impressão e tanto, e sem dúvida esse vídeo bastou para levar Louis a pesquisar mais sobre o 5 Seconds. Talvez intrigado pelos relatos sobre a jovem banda pop australiana que já tinha gravado uma das músicas da banda dele, Louis acabou encontrando a mais aprimorada e profissional "Gotta Get Out". Louis ficou fissurado na banda na hora, mostrou o 5 Seconds of Summer para os colegas do grupo e alertou a equipe de empresários do 1D quanto ao potencial dos novatos. E praticamente em um piscar de olhos sugeriram que o 5 Seconds of Summer abrisse os shows da turnê, e as providências começaram a ser tomadas. Quando esse famoso tuíte foi escrito, as negociações já aconteciam nos bastidores, mas com a turnê a poucos meses de começar e sem conseguir manter a descoberta em segredo por mais tempo, parecia que a intenção de Louis era fazer os seguidores no Twitter verem qual era a desse estardalhaço todo. O público do Twitter, que atualmente gira em torno de 17 milhões de seguidores, ficou devidamente impressionado, e em pouco tempo o vídeo foi retuitado mais de 75 mil vezes.

No mundo de hoje, algo tão simples como um tuíte pode virar o material promocional mais poderoso de um artista, especialmente se esse tuíte vier do integrante de uma das bandas mais populares do mundo. O efeito das 11 palavras de Louis foi instantâneo e sem precedentes. O número de visualizações no YouTube e de "curtidas" no Facebook, bem como de seguidores no Twitter da banda aumentou exponencialmente.

De repente, eles estavam sob os holofotes de todo o mundo como nunca estiveram: choveram convites para fazer shows, e o nível de atenção da mídia foi impressionante. Parecia que o mundo das redes sociais não parava de falar no 5 Seconds of Summer.

A equipe que tomava conta e empresariava o grupo ficou aturdida pela escala dos acontecimentos e decidiu adiar o máximo possível o anúncio da participação na turnê do One Direction. Já era difícil assimilar o tuíte de Louis, que dirá a reação que viria em seguida. Assim, foram feitas todas as tentativas para proteger o 5 Seconds of Summer dos olhos da imprensa mundial, especialmente em um período em que eles ainda tentavam manter uma existência fora da banda, com a escola, as provas e a vida normal em casa com a família sendo fundamentais. A prioridade da equipe era manter os integrantes do 5SOS com os pés bem firmes no chão. Havia chegado a hora de ter algumas conversas bem sérias com os meninos e seus pais. Todos tinham grandes decisões a tomar sobre o futuro, a longo e a curto prazo.

Há pouco mais de um ano, quando os garotos disseram ter vontade de fazer música profissionalmente, os pais reagiram com surpresa. Em entrevista à estação de rádio KIIS 1065, Calum disse: "Eles ficaram meio 'por que você quer entrar em uma banda?'" No início os pais fizeram vista grossa para os atrasos nos deveres de casa e as mudanças cada vez maiores na agenda dos filhos devido aos compromissos da banda, mas logo ficaram preocupados com o futuro deles, além de temerosos e céticos quanto à chance de eles, sendo tão novos, terem uma carreira estável no mercado notoriamente instável e cruel da música. Esses meses em que mães e pais ficaram de fora, vendo os garotos equilibrarem desesperadamente a vida pessoal com a existência paralela como astros do rock principiantes, foram muito estressantes. Mas à medida que a banda ficou mais confiante e as famílias começaram a ver o quanto eles estavam levando tudo a sério, as dúvidas se transformaram em um apoio entusiasmado. Como disse Ashton, "Eles tinham fé e realmente nos ajudaram muito no fim das contas".

O 5 Seconds of Summer estava gerando um tremendo burburinho na indústria musical, que estava fascinada pelas estatísticas impressionantes deles nas redes sociais e doida para conquistar uma fatia desse bolo. Embora o interesse no 5SOS como banda só aumentasse, os garotos ainda se sentiam inexperientes, de certo modo. A pressão para assinar um contrato com uma gravadora era imensa, mas eles decidiram que era melhor esperar um pouco mais, a fim de aumentar o estoque de canções originais e trabalhar na química de palco para melhorar ao máximo as apresentações ao vivo. Se algo lhes daria a oportunidade de crescer como banda era se apresentar toda noite para um estádio lotado durante uma turnê de mais de cem shows nas maiores cidades do mundo. Para sorte deles, embora essa mudança de status tenha aumentado a pressão sobre eles, também lhes deu a confiança para não decidir nada às pressas. Além das incríveis oportunidades que já tiveram, os integrantes do 5 Seconds decidiram embarcar em outra viagem a Londres para compor e gravar, agora por um período maior, antes da turnê com o One Direction.

Embora os pais dessem todo o apoio ao envolvimento cada vez maior dos filhos com a banda, uma viagem longa para o exterior significaria ficar longe de casa por boa parte dos próximos 12 meses, um passo imenso em termos de comprometimento com o futuro do grupo. Àquela altura, apenas Michael tinha abandonado oficialmente o ensino médio. Luke e Calum ainda estavam matriculados em Norwest, certamente tendo dificuldade para manter boas notas, enquanto Ashton tinha saído de Richmond e terminado as provas na escola técnica. Era agora ou nunca para eles. Luke e Calum precisariam abandonar a escola antes de se formar se quisessem se juntar aos colegas de banda em Londres e na turnê do 1D. Depois de muita reflexão, os quatro decidiram continuar com o 5 Seconds of Summer. Levando em conta o quanto eles conseguiram avançar em apenas um ano e o potencial aparentemente ilimitado que tinham, era uma oportunidade boa demais para se jogar fora diante do primeiro grande obstáculo.

Antes de ir para Londres havia a pequena questão de lançar o primeiro EP profissional, *Somewhere New*, todo feito em estúdio e que continha a canção principal "Out Of My Limit", duas faixas compostas durante as sessões com o Amy Meredith ("Beside You" e "Unpredictable"), além de uma versão de "Gotta Get Out". No final de novembro e início de dezembro a banda deu pequenas amostras da arte do álbum, publicou fotos dos CDs quando chegaram ao quartel-general do 5SOS, revelou o primeiro vídeo profissional (para "Out Of My Limit") e lançou o single com um show especial em casa, no Metro Theatre de Sydney. Três dias antes do lançamento do EP, a banda estava a caminho de Londres.

Fazia praticamente um ano desde que os garotos fizeram o primeiro show como quarteto, então foi impossível não refletir sobre o quanto tinham progredido e sobre a decisão de abandonar a escola e se comprometer com a banda em tempo integral. Depois, Luke disse à estação de rádio de Connecticut 96,5 TIC

FM: "Ainda somos muito jovens [...] tivemos que amadurecer bastante e bem rápido no período de um ano. Foi um grande passo para nós, mas estamos orgulhosos." Sem dúvida havia muitos motivos para se orgulhar, e a viagem a Londres certamente seria a cereja do bolo.

Ao chegar lá, os garotos rapidamente se instalaram no apartamento que lhes serviria de lar nos próximos meses. Com dois andares, era um espaço moderno e recém-mobiliado. Tão novo que não tinha televisão nem wi-fi. Havia dois quartos, e Michael e Ashton decidiram dividir um, e Luke e Calum, o outro. Ashton logo deixou sua marca no quarto, fazendo questão de forrar a cama dele com um edredom de estampa de oncinha.

Eles passaram os primeiros dias se acostumando ao novo ambiente, incluindo visitas ao shopping mais próximo para comprar suprimentos para o período em Londres. O clima na Inglaterra, com suas nevascas fortes e temperaturas congelantes, foi um choque e tanto para os garotos. Seria coincidência o fato de vários suéteres do 5SOS entrarem em liquidação na loja oficial durante o tempo que eles passaram na cidade? Mas nem tudo era diversão: havia muito trabalho a fazer antes da turnê, e em poucos dias eles se viram imersos na tarefa que tinham pela frente. Afinal, havia um álbum cheio de canções para escrever e gravar.

Os garotos agendaram uma série de reuniões com músicos e compositores renomados e, antes de completarem uma semana em Londres, já trabalhavam arduamente no Chewdio, estúdio de gravação na região leste da cidade cujo dono era o ex-baterista do Kaiser Chiefs, Nick Hodgson. Embora Nick tivesse anunciado a saída da banda uma semana antes, coincidentemente no mesmo dia que os garotos do 5SOS chegaram a Londres, estava longe de ser uma decisão impulsiva. Ele tinha sido um dos fundadores do Kaiser Chiefs, onde tocava bateria e virou um dos principais compositores ao longo dos 15 anos de carreira, e decidira sair da banda havia algum tempo, ao fazer 35 anos. Embora os outros Kaisers tenham ficado tristes com a saída, a separação foi amigável: o vocalista Ricky Wilson tuitou uma mensagem de apoio e disse que ele sempre seria bem-vindo se um dia quisesse voltar à banda. Os garotos ficaram empolgadíssimos por trabalharem com um músico profissional, sendo que Ashton estava especialmente animado com a perspectiva de dividir a bateria com um músico tão experiente nesse instrumento.

O 5 Seconds também passou um tempo compondo e gravando com Roy Stride, principal compositor da banda inglesa de indie-rock Scouting For Girls. Roy foi o autor de todas as músicas dos dois primeiros álbuns da banda, que ficaram entre os três mais nas paradas do Reino Unido e venderam mais de um milhão de cópias. Ele daria aos garotos a ajuda necessária para reduzir a distância entre o pop e o rock.

Além de Stride e Hodgson, os garotos tiveram a oportunidade de trabalhar com Rick Parkhouse e George Tizzard, compositores da equipe de produção Red Triangle, responsável por sucessos recentes de Olly Murs, Pixie Lott, Little Mix e Cheryl Cole, além do veterano compositor e produtor Richard Stannard, que foi coautor de "Wannabe" das Spice Girls e emplacou muitos sucessos com vários artistas pop, incluindo Kylie Minogue, Five, Westlife, Will Young e uma colaboração mais recente com Ellie Goulding na música "Lights". Essas sessões foram particularmente proveitosas, e várias músicas produzidas nesse período acabaram lançadas, como "Lost Boy", "Close As Strangers", "Greenlight" e "Voodoo Doll", com "English Love Affair", "Good Girls" e "18" chegando a sair na versão de 12 faixas do primeiro álbum dos garotos.

Talvez o contato mais importante que eles tenham feito nesse período foi com Steve Robson, experiente compositor e produtor britânico de longa e variada carreira na indústria musical. Robson teve influência no sucesso da banda de pop-rock Busted, refinando o som deles ao longo de várias sessões de composição e gravação para ajudá-los a criar algo que desse uma identidade à banda. Robson tinha consciência de que os três integrantes do Busted eram indivíduos extremamente talentosos e tinham o mesmo sonho do 5 Seconds of Summer: exatamente como Luke, Michael, Calum e Ashton, eles queriam compor as próprias canções e ter maior participação na produção da banda. Robson estava determinado a estimular a criatividade do Busted, e, com a ajuda dele, o trio foi incentivado a trabalhar em todas as músicas que acabariam integrando o álbum de estreia, *Busted,* e também nas do segundo. Os dois álbuns chegaram ao segundo lugar da parada britânica, vendendo quase um milhão de cópias cada.

Um fato não muito conhecido na época, mas bem divulgado desde então, era que o Busted tinha uma arma secreta. Foi revelado que um elemento crucial para o sucesso deles tinha sido o talento para a composição do quarto integrante não oficial da banda, Tom Fletcher. Ele tinha feito teste para entrar na banda e não foi aprovado, perdendo para Charlie Simpson, mas manteve o contato com os garotos e acabou ajudando a compor quase metade das faixas do segundo álbum do Busted, a maior parte delas em parceria com o integrante da banda James Bourne. Tom decidiu que desejava uma fatia desse bolo e formou a própria banda em 2003, McFly. O relacionamento que Tom já tinha com o Busted se mostrou fundamental na nova empreitada. O Busted convidou o McFly para fazer turnê com eles, e o novo grupo assinou um contrato com a Island Records, mesmo selo dos colegas. O sucesso inicial do McFly até superou o de seus mentores, emplacando 15 singles consecutivos entre os dez mais tocados e cinco álbuns entre os dez mais vendidos no Reino Unido entre 2004 e 2008. Nenhuma das bandas fez muito sucesso nos Estados Unidos, mas ambas emplacaram sucessos na Austrália e Nova Zelândia. A venda do álbum do McFly no mundo passava dos 11 milhões de cópias quando este livro foi escrito, e as duas bandas ainda têm um grande número de fãs graças à criação do McBusted, mistura das duas bandas formada pelos quatro integrantes do McFly junto com Matt Willis e James Bourne do Busted, que fez turnês e shows esporádicos ao longo de 2014.

As diferenças entre o início da carreira do 5SOS e do Busted e McFly são bem óbvias (o 5SOS não tinha o respaldo de uma grande gravadora como a Island Records), mas as semelhanças são igualmente impressionantes. Musicalmente, as duas bandas pareciam se encaixar muito bem na categoria de pop-punk comercial que o 5SOS tanto desejava, e outro paralelo seria o desejo de ter envolvimento criativo total na composição e gravação das próprias músicas.

Tendo contribuído na definição do som do Busted, e consequentemente no sucesso do McFly, Steve Robson parecia ser a escolha perfeita para os garotos. Igualmente importante foi o fato de Robson ter continuado a realizar trabalhos excelentes após o envolvimento com o Busted, compondo e produzindo vários sucessos para alguns dos maiores artistas pop do Reino Unido, como Take That, Olly Murs, One Direction e Leona Lewis. Robson desfruta de uma posição singular em sua área, mostrando imensa versatilidade e a capacidade de emprestar seu talento aos mais diversos artistas. Ele também trabalhou com os cantores e compositores James Blunt e James Morrison, além de compor para alguns dos maiores artistas country de Nashville, após o enorme sucesso alcançado pela versão feita pelo Rascal Flatts de sua música "What Hurts the Most" em 2006. Haveria outra pessoa mais qualificada para entender como se faz um sucesso ou tão apta para navegar pelos meandros da atual indústria da música, em eterna evolução?

Tendo essa experiência rica e um amor sincero por todos os tipos de música, ele era a pessoa ideal para entender o que 5 Seconds queria e que poderia transformar essas intenções em realidade. Ele sabia exatamente qual direção dar ao som dos garotos, ainda incipiente, aparando algumas arestas, mas deixando intacta um pouco daquela energia bruta e crua. Robson foi uma verdadeira inspiração para a banda, não só agindo como orientador no estúdio como também dando um apoio excepcional durante o que deve ter sido um período intenso na vida do grupo. Apesar do imenso trabalho a fazer, ele conseguia manter o ambiente descontraído e criativo. Michael reconhece a incrível oportunidade que receberam de ir a Londres em entrevista ao *Daily Telegraph*: "É muito bacana trabalhar com pessoas que fazem a música que você ouve e ama." E falou especificamente sobre a importância de trabalhar com Robson: "Ele fez muito pela gente, foi importantíssimo [...] Pedi para ele contar umas histórias porque trabalhou com o Busted, uma das minhas bandas favoritas [...] Ele foi o cara mais legal do mundo." Esta parceria seria fundamental para o desenvolvimento do som da banda e resultou na criação de "The Only Reason" e de faixas importantes como "Heartbreak Girl" e "Don't Stop", que deu ao 5 Seconds of Summer o segundo sucesso consecutivo a ficar entre as três mais do Reino Unido em maio de 2014.

Com o posto de banda de abertura do One Direction ainda cercado de segredo, os garotos faziam questão de avisar aos fãs que não se esqueceram deles, mesmo estando do outro lado do mundo. O 5 Seconds decidiu lançar uma música escrita e gravada durante o período em Londres para que os fãs mais leais soubessem exatamente o que eles estavam aprontando nessa viagem. Trechos de "Heartbreak Girl" foram divulgados desde o início de fevereiro até a música ser finalmente disponibilizada para download gratuito no dia 13 do mesmo mês. Eles publicaram uma mensagem especial na página do Facebook: "Esta é uma das músicas em que estamos trabalhando em Londres e queríamos que vocês fossem os primeiros a ouvir!! Temos orgulho dela e esperamos que vocês também gostem. [...] Isto é para vocês."

Enquanto os meninos trabalhavam arduamente em vários estúdios e salas de gravação inglesas, as últimas negociações aconteciam nos bastidores, e finalmente foi acertado o contrato que mudaria para sempre a vida dos integrantes do 5 Seconds of Summer. Luke, Michael, Calum e Ashton estavam prontos para fazer o grande anúncio: era hora de revelar o segredinho ao mundo.

No Valentine's Day de 2013, eles anunciaram aos fãs que sairiam em turnê com uma das bandas mais populares do mundo em uma das maiores turnês em estádios do ano. Como convidado muito especial do One Direction, o 5 Seconds of Summer estava prestes a estourar de uma vez por todas.

CAPÍTULO OITO

NOVA DIREÇÃO

"Onde podemos encontrar o maior número de meninas adolescentes no mundo? Em um show do One Direction. São elas que vão comprar nosso álbum, então devemos nos apresentar para elas."
Nick Raphael, presidente da Capitol Records UK, para a revista *Music Week*

Quando a banda disse "2013 será o maior ano de todos! Nós amamos todos vocês!" na mensagem de ano-novo aos seguidores do Facebook, não estava brincando. Eles fizeram questão de dar algumas dicas sobre os planos que seriam revelados em breve, preparando todos para o próximo grande passo na história do 5 Seconds of Summer. Pensando bem, o plano de levar os garotos a Londres no fim de 2012 provavelmente foi arquitetado não só para fechar o acordo com o One Direction, mas também para que fosse outra viagem de trabalho em que comporiam mais músicas para o álbum de estreia. Parecia natural que durante a estadia mais longa em Londres eles tivessem a oportunidade de conhecer o 1D, algo necessário para garantir que todos se dessem bem antes de começarem os ensaios para a turnê. Isso também lhes daria a oportunidade de se preparar psicológica e fisicamente para o desafio que estava por vir.

Acabou que tudo deu certo e os meninos do 5SOS conseguiram passar um bom tempo conhecendo o One Direction. Niall Horan teve a oportunidade de participar de uma sessão de estúdio com eles em janeiro, e o resto dos rapazes do 1D os conheceu em uma partida de futebol em que o 5 Seconds foi massacrado, perdendo de 15 a 2.

Além de começar um bom relacionamento com o One Direction, os meninos do 5SOS fizeram contatos importantes na indústria musical, compondo e gravando canções inéditas, terminando algumas e criando a base para várias outras, antes de iniciar os preparativos para a próxima grande aventura. Alguns ajustes ainda eram necessários, visto que eles estavam prestes a ver o mundo abrindo os shows da maior boy band do planeta e conhecer milhões de novas fãs. O 5 Seconds of Summer sem dúvida tinha ido bem longe para quem começou na sala de música da Norwest College.

O One Direction conquistou uma popularidade imensa e tornou-se uma das mais extraordinárias e rápidas histórias de sucesso dos últimos tempos. A origem do grupo é bem simples: eles foram reunidos por Simon Cowell e sua equipe para a temporada de 2010 do *The X Factor*, maior reality de competição de música do Reino Unido, após terem feito testes e sido rejeitados como cantores solo na etapa do Boot Camp [Campo de Treinamento]. Como a categoria de grupos do programa sofria com a falta de competidores fortes naquela temporada, os produtores decidiram criar uma boy band usando alguns dos artistas solo que não tiveram a sorte de se classificar para a etapa seguinte. Assim, Harry Styles, Zayn Malik, Louis Tomlinson, Niall Horan e Liam Payne viraram o One Direction, e o resto é história.

Embora a banda não tenha vencido o programa, ficando em terceiro lugar atrás do vencedor Matt Cardle e da vice Rebecca Ferguson, estava claro pela reação durante a turnê do *X Factor* em estádios, feita após o programa, que o One Direction iria estourar. Eles usaram as redes sociais para se conectar a um imenso grupo de seguidores no mundo inteiro sem lançar uma só nota musical. Embora tenham participado da gravação beneficente de "Heroes" feita pelos finalistas do *X Factor*, o single vencedor deles, uma versão de "Forever Young", continuou inédito após o programa, e os fãs tiveram que esperar até a música de estreia, "What Makes You Beautiful," finalmente ser lançada, quase um ano antes de o One Direction fazer o seu primeiro show.

O 1D já tinha feito várias turnês após o lançamento do álbum de estreia *Up All Night*, que os levou a viajar pelo mundo. Foram aos Estados Unidos pela primeira vez e até se apresentaram em uma série de shows na Austrália. No total foram mais de cinquenta shows em oito países de três continentes, mantendo os garotos na estrada por quase seis meses desde o início de julho de 2012. O sucesso do One Direction aumentava em ritmo acelerado, e cada vez mais países se rendiam aos encantos deles.

Enquanto a onda favorável estava em velocidade máxima, eles se preparavam para lançar o segundo álbum em menos de um ano, o *Take Me Home*, o que os levaria a emplacar o topo das paradas nos Estados Unidos pela segunda vez, tornando-os a primeira boy band a chegar ao primeiro lugar da parada norte-americana com dois álbuns diferentes no mesmo ano. Portanto, a turnê planejada para lançá-lo precisava refletir o imenso crescimento na popularidade deles em todo o mundo. A *Take Me Home Tour* teria quase o dobro de datas, expandindo o número de shows nos Estados Unidos e na Austrália, além de levar o grupo para outros países da Europa e ao Japão pela primeira vez. De fevereiro de 2013 até o começo de novembro eles planejaram visitar 21 países no total, no que seria uma das maiores e mais caras turnês pop de todos os tempos.

Na *Up All Night Tour* havia oito bandas para abrirem os shows nos países por onde a turnê passou. Eram basicamente artistas promissores e alguns foram escolhidos pelo próprio One Direction após serem encontrados no YouTube ou recomendados pela equipe de empresários. Para a *Take Me Home Tour*, eles procuravam apenas uma banda nova, e empolgante, para participar da maior parte dos shows com eles, e o 5 Seconds of Summer era o parceiro perfeito. Niall Horan do 1D explicou: "Descobrimos o 5SOS no YouTube ano passado, e todos nós soubemos de cara que eles eram especiais. Estamos muito animados por tê-los com a gente na estrada e sabemos que nossos fãs vão AMAR o que esses caras fazem."

Obviamente, essa oportunidade oferecida ao 5 Seconds ia além dos maiores sonhos deles, e havia muitas coisas a serem seriamente discutidas e decisões importantes a serem tomadas, e tudo isso precisava ser feito rapidamente.

Desde o momento em que a turnê foi sugerida, todos os envolvidos na carreira do 5 Seconds of Summer perceberam que isso lhes daria a oportunidade de tocar para milhões de pessoas que provavelmente nunca tinham ouvido a banda na vida, uma exposição inestimável para qualquer artista em busca do sucesso. A princípio, a única preocupação dos garotos era se o público do One Direction entenderia e aceitaria a música que o 5 Seconds of Summer estava comprometido a tocar. Afinal, o 1D fazia pop puro, e o pop-punk movido a guitarras do 5SOS poderia ser um passo distante demais para os Directioners. Como Steve Barnett, presidente da filial americana da Capitol, futuro selo dos garotos, destacou na revista *Billboard*: "Ser a banda de abertura em uma grande turnê não vem com a garantia de que o público da atração principal vá gostar de você." Luke tinha plena consciência da dificuldade de encontrar um equilíbrio na apresentação que fariam quando disse ao jornal *Sun*: "Achamos [o One Direction] legal, mas os vemos como banda pop e não queremos ser isso." Ele esclareceu: "Nós nos inspiramos em bandas como Blink-182 e Green Day, então achamos que seria meio estranho para nós e não sabíamos o que fazer." Deixar clara a diferença entre o tipo de banda que se espera ver abrindo um show do One Direction e o que o 5SOS realmente era não seria fácil, mas, como Ashton notou, a situação não era uma questão de oito ou oitenta. "As pessoas ficam confusas porque somos jovens e a maioria de nossos fãs são garotas. Mas isso também acontece com o Fall Out Boy. Pete Wentz era o Justin

Bieber de 2007. As garotas o adoravam, eram obcecadas por ele."

Analisando friamente a proposta, as pessoas que acompanhavam a trajetória do 5 Seconds sabiam que era uma oportunidade boa demais para deixar passar, e alguns encontros casuais com o One Direction deixaram os garotos mais tranquilos. Quando todos se encontraram no mesmo ambiente, a empatia foi imediata, algo confirmado por Luke: "Conhecemos os caras e os achamos incríveis." Michel se encarregou de lidar com as eventuais críticas de que o 5SOS estaria "se vendendo": "Pergunte a qualquer banda de bar: 'Você prefere sair daqui para voar de primeira classe e ficar em bons hotéis?' Garanto que todos diriam: 'Claro que sim!'", disse com firmeza.

Essa parecia ser a descrição exata da vida que os meninos iriam levar por algum tempo. Quando a banda de abertura foi enfim anunciada em fevereiro de 2013, os integrantes do 5SOS já estavam longe das famílias havia mais de dois meses. Durante uma breve pausa nas gravações feita na época do Natal, apenas Luke voltou para casa em Sydney. Michael preferiu ficar em Londres, e Ashton se juntou a Calum em uma viagem à Escócia para reencontrar sua herança escocesa. Com uma turnê de mais de cem shows pela frente, os garotos iriam ficar na estrada por mais uns nove meses, tendo apenas alguns breves intervalos para voltar à Austrália. Eles não iriam ver muito os amigos e familiares ao longo do ano seguinte, talvez até mais. Seria um imenso sacrifício, mas todos sabiam que se algo os ajudaria a passar por isso era o fato de terem uns aos outros e o apoio de milhares de fãs leais, a família 5SOS.

NOVA DIREÇÃO

A decisão de sair em turnê também significa adiar qualquer plano de terminar o álbum do 5 Seconds em um futuro próximo. Estar na estrada com uma agenda extenuante significava ter poucas oportunidades para manter o foco em compor e gravar o resto do material necessário para terminar o álbum. Uma opção seria dar uma aperfeiçoada nas faixas que eles já tinham, acrescentar algumas regravações e lançar o álbum enquanto o nome da banda estava em alta durante a turnê, mas isso nunca foi o que os garotos sonhavam fazer. Eles queriam dedicar um tempo, garantir que todas as músicas lhes dessem orgulho e, mais importante, criar tudo sozinhos. O 5 Seconds não tinha a menor intenção de gravar às pressas um monte de músicas alheias. Embora respeitassem o trabalho de alguns artistas pop mais tradicionais, eles não necessariamente queriam ser associados a esse gênero musical ou serem considerados uma banda que tentava faturar uma grana rápida para aproveitar o momento sob os holofotes do One Direction. Como Ashton disse ao *USA Today*: "Nós realmente não percebemos que éramos uma boy band até as pessoas começarem a nos chamar de boy band. Eu entendo e não nos importamos com rótulos, desde que possamos fazer a música que amamos." Era esse comprometimento em manter o som próprio e singular que tinha deixado os garotos do 1D interessados, e sair em turnê com uma verdadeira boy band poderia ajudar as pessoas a entenderem a diferença entre os dois grupos.

A chance de conquistar a audiência do One Direction para o trabalho do 5 Seconds era boa demais para deixar passar, como explicaram ao *60 Minutes*: "Ao nos levar para a turnê, eles nos deram a oportunidade para mostrar àquele público um lado mais rock do pop." Ashton falou ainda sobre como ele e os colegas de banda se consideravam: "Não somos uma boy band. Somos uma banda. Não queremos ser chamados de o próximo One Direction. Não é o que somos." Luke fez questão de destacar que fazer parte da turnê do 1D não mudaria o som deles, reafirmando a determinação de continuar fiel às raízes. "Muitas bandas tiveram que mudar o som que faziam, mas somos exatamente a banda que desejamos: uma banda pop, definitivamente, mas com uma pegada rock e punk [...] Não estamos tentando ser algo que não somos. Não somos o novo coisa alguma. Somos o primeiro 5 Seconds of Summer." Ele voltou a esse assunto na entrevista ao *Sydney Morning Herald*: "As pessoas já nos chamavam de novo One Direction na Austrália, mas na nossa cabeça somos muito diferentes [...] Tocamos guitarras. Somos mais rock. Mas achamos que se colocarmos um ao lado do outro, vamos acabar mostrando às pessoas o quanto somos diferentes."

Embora seja verdade dizer que os garotos tinham muito tempo para aceitar o que o resto de 2013 lhes traria, visto que a ideia de uma turnê com o 1D estava mais ou menos fechada havia uns seis meses, com apenas alguns detalhes pendentes, a realidade de fazer os shows propriamente ditos era algo totalmente diferente. Calum explicou à revista *Seventeen*: "Não acho que seja possível se preparar para isso. Estamos com muito medo, mas acho que estamos disfarçando bem por enquanto." Michael concordou na mesma hora: "Ainda não caiu a ficha disso para a gente. É surreal pensar que vamos estar no mesmo show de uma banda conhecida no mundo todo." Ele mostrou o quanto as coisas estavam andando rápido ao dizer: "Agora eu olho a minha agenda no iPhone e ela tem: compromissos,

compromissos, quatro shows na O_2 Arena em dois dias! É uma loucura." Ashton estava igualmente espantado com a perspectiva de se juntar aos mentores do 1D na estrada, conforme disse ao *The Late Late Show* irlandês: "[O One Direction] deu a maior oportunidade da nossa vida, sabe? [...] A gente acabou de sair da minha garagem em Sydney!"

Enquanto as primeiras datas da turnê se aproximavam e os garotos pensavam no que estava por vir, Calum disse ao site *Fuse*: "Acho que não se consegue mesmo ensaiar para estádios. Você precisa ser jogado lá na cova dos leões e partir daí. Nós estamos nos preparando psicologicamente para o que vai acontecer." Em um instante a fase de preparação estava encerrada, e logo chegou o dia da primeira apresentação do 5 Seconds of Summer com o One Direction.

A escala da turnê era de enlouquecer: o primeiro show já seria na O_2 Arena em Londres, onde eles iam encarar quase 20 mil fãs aos berros. Embora seja verdade que a maioria das pessoas estava lá para ver o One Direction, o 5 Seconds of Summer estava determinado a causar uma ótima primeira impressão, como Ashton disse ao site OCC: "Nosso primeiro show com o 1D foi bem especial [...] Nós saímos da garagem e fomos tocar em uma arena, foi uma loucura!" Continuando a história em uma entrevista ao site *HMV*, ele disse: "[Na] primeira vez que nos apresentamos com eles fizemos uns vinte shows e de repente estávamos tocando em arenas na frente de milhares de pessoas. Nós literalmente fomos de tocar para 12 pessoas em pubs para isso [...] Em determinado momento eu parei e vi 18 mil pessoas que pareciam estar curtindo, foi uma loucura." Calum confirmou o quanto isso foi um choque para eles: "Acho que não mudei de lugar o show inteiro, fiquei congelado lá." Michael falou pela banda toda quando disse: "Se disséssemos para nós mesmos há dois anos onde estaríamos agora, não teríamos acreditado."

Foi uma curva de aprendizado bem íngreme, mas a banda certamente fazia um monte de novas amizades quando subia ao palco todas as noites diante de milhares de fãs do One Direction. Sempre dando o máximo, os garotos sabiam muito bem que não necessariamente estavam se apresentando para uma plateia que entendia o 5 Seconds of Summer. Ashton destacou que eles tinham consciência de que eram a banda de abertura, e isso significava que tinham uma missão a cumprir: "Precisamos respeitar que estamos aqui com o objetivo de esquentar a plateia para a atração principal, [que] lotou o estádio." Apesar disso, Luke, Michael, Calum e Ashton se soltaram, foram com tudo e deram ao público um show inesquecível. O 5 Seconds of Summer tinha a missão de converter Directioners, convidando-os a virar a casaca e se juntar à família 5SOS, que só aumentava.

CAPÍTULO NOVE

LEVE-NOS PARA CASA

"Que loucura, nem em um milhão de anos eu teria pensado que estaria tão longe de casa com a nossa banda."
Ashton Irwin (@Ashton5SOS), no Twitter

A *Take Me Home Tour* levaria o 5SOS a viajar pelo mundo inteiro, e, segundo Calum disse à *Billboard*, "alguns desses países nós nem sabíamos que existiam". Com mais de cem shows a fazer antes do fim de outubro de 2013, prometia ser uma agenda pesada. Turnês em uma escala tão imensa precisam funcionar como um relógio (incluindo centenas de funcionários e caminhões de equipamentos viajando por muitos quilômetros de uma cidade a outra com poucos dias de intervalo) e, sendo assim, havia um cronograma meticulosamente planejado que precisava ser seguido à risca. Não só os integrantes do 5SOS sabiam onde precisavam estar o tempo todo como os dias de descanso e períodos longe da turnê estavam agendados até o último segundo. A rotina semanal deles costumava ter duas ou três noites de shows seguidas por um dia de folga, o qual geralmente passavam viajando para a próxima cidade ou país, e mais duas ou três noites consecutivas no palco. Contudo, apesar do imenso esforço físico imposto, pode-se dizer que os meninos estavam se divertindo como nunca, fazendo os shows com um entusiasmo renovado a cada noite. Felizmente, todo o esforço estava sendo devidamente recompensado, e a recepção do público passava longe dos temidos aplausos indiferentes ou desanimados que algumas bandas de abertura recebiam, especialmente se a atração principal fosse o One Direction.

Em uma entrevista ao site *Alter the Press!*, Luke destacou o espetáculo que eles pretendiam dar nas apresentações ao vivo: "Vai ter bastante guitarra, muita empolgação [...] Gostamos que nossos shows [tenham] um grande clima de festa [...] Queremos que seja uma experiência incrível [...] Queremos um show que envolva os fãs." Determinados a provar que mereciam um lugar na turnê, eles queriam dar aos milhares de fãs do 1D um show inesquecível. Com os ânimos nas alturas, não era de admirar que eles transpirassem bastante. Ashton contou ao *AwesomenessTV*: "Eu costumo cortar uma camiseta [...] Não sei o motivo, mas gosto de usar o mínimo de roupa no palco porque suo muito. Aí eu corto alguma camiseta para deixá-la bem menor." O mínimo de roupa no palco? Está aí uma ideia que a plateia de mais de vinte mil pessoas apoia!

LEVE-NOS PARA CASA

Como muitas bandas de rock que passam dias a fio viajando de uma cidade à outra, o 5 Seconds of Summer começou a criar uma rotina pré-show, mas estavam longe dos atos ousados ou questionáveis de certos grupos de rock loucos. Ashton disse ao *60 Minutes* australiano: "A gente só passa um tempo juntos. É importante que o clima no camarim esteja bem calmo." Calum explica mais: "Nosso ritual pré-show é basicamente ouvir muita música. Varia, sabe? Tem um pouco de Slipknot, um pouco de Katy Perry [...] Depende de como a gente se sente." Michael rapidamente acrescentou que, além de "ouvir heavy metal", a coisa mais esquisita que eles fazem juntos é bem menos rock and roll: "A gente escova os dentes e pronto."

Enquanto a turnê *Take Me Home* viajava por todo o Reino Unido, os integrantes do 5SOS estavam dispostos a encarar cada noite como uma lição de como conquistar (e prender) a atenção de um estádio; para isso, eles observaram e aprenderam avidamente com tudo o que estava acontecendo ao redor. O 5SOS recebeu uma oportunidade única de olhar por trás das cortinas e ver como um show desse porte é montado. Embora isso possa ter acabado com um pouco da magia, eles estavam testemunhando em primeira mão o que era necessário para realizar uma performance tão cheia de energia, além de aprender sobre o processo de criação e montagem do palco. Eles também pegaram várias dicas fundamentais com os colegas de banda bem mais experientes para aguentar a vida na estrada, algo totalmente diferente de tudo o que o 5SOS já tinha vivido. Claro que eles já haviam excursionado antes, mas em uma escala muito menor. As distâncias percorridas e o esforço necessário para manter nos trilhos uma turnê dessa magnitude eram quase incompreensíveis para os integrantes do 5 Seconds of Summer. Os shows que eles haviam feito antes pareciam insignificantes em comparação a esses.

Felizmente o grupo estava em boas mãos, e o One Direction sempre se colocava à disposição para dar apoio e conselhos. Calum revelou à *Seventeen*: "Aprender a fazer turnê com eles realmente mudou a nossa vida", enquanto Ashton fez questão de explicar ao *USA Today* o quanto passou a respeitar mais os colegas do 1D durante as primeiras semanas de shows: "Só o jeito de eles enfrentarem o dia a dia sendo o One Direction já é bacana de ver [...] Eles trabalham duro, e acho que quem está de fora não entende muito bem quanta pressão eles sofrem." Luke reitera a opinião de Ashton: "Acho que prestamos atenção a como eles trabalham e à ética de trabalho deles... Eles levam o trabalho muito a sério, mas não deixam de se divertir bastante com tudo o que fazem durante as viagens."

Porém, havia uma barreira para a diversão. "Não fizemos muitas brincadeiras [na turnê]. Eles têm seguranças bem intimidadores. Evitamos os seguranças o máximo possível", revelou Calum. Mas nem toda a segurança do mundo poderia impedir as peças que garotos gostam de pregar: "Várias vezes ficamos jogando frutas uns nos outros. [...] Os caras [do One Direction] são engraçados demais. O humor deles é parecido com o nosso."

Em pouco tempo os quatro integrantes do 5SOS começaram a ficar mais relaxados, e as novas experiências mudaram a forma de a banda lidar com os shows, conforme disseram ao *HMV*: "Acho que realmente desenvolveu nosso som. Tocar em arenas como essas fez com que ficássemos muito melhores ao vivo", disse Ashton. Michael confessou o quanto eles se viram

LEVE-NOS PARA CASA

obrigados a aperfeiçoar o estilo a fim de preencher os imensos espaços das arenas onde agora eles se apresentavam: "Muda até o jeito de se mover pelo palco. É preciso exagerar tudo o que fazemos, para que as pessoas lá na parte de trás desses espaços imensos sintam a mesma energia de quem está na frente [...] Ao vivo nossas músicas são geralmente mais cruas, despojadas e se resumem a bateria, guitarra, baixo e vocal." Luke explicou que shows em uma escala tão grande criam novos problemas: "Você precisa pensar em tudo: 'Como fazer esse riff de guitarra ou essa virada de bateria soar com uma intensidade enorme em uma arena?'"

A vida na estrada pode ser difícil pelos períodos longe de casa e as constantes viagens, mas os garotos davam forças uns aos outros. Michael afirmou: "Às vezes quando temos um ônibus de turnê é como se fosse a nossa pequena casa. Além disso, estamos sempre perto uns dos outros. O lar é onde a banda está." Era difícil, mas o grupo estava adorando a experiência: "É a coisa mais linda do mundo para um músico ver as pessoas te olhando enquanto você faz o que mais ama no mundo [...] É a melhor sensação que existe", confessou Ashton ao *60 Minutes*. Calum reafirmou o sentimento do colega de banda: "A melhor parte é quando vejo o Luke e fico 'uau, eu me lembro de você improvisando na guitarra na sala de música da escola'. É impressionante." Aqueles ensaios e shows caóticos para um punhado de fãs extremamente dedicados logo viravam uma lembrança antiga, pois o 5 Seconds of Summer estava se transformando em uma banda vibrante e bastante sofisticada ao vivo.

A parte britânica da turnê chegou ao fim no meio de abril, quando os garotos tiveram uma pausa merecida de seis semanas. Para celebrar, eles planejaram um pequeno show acústico em Londres. O show no Barfly seria uma apresentação marcante para a banda, por ser a primeira vez que eles fariam um show como atração principal fora da Austrália e da Nova Zelândia. Não foi surpresa quando a procura por ingressos superou de longe a capacidade do local, onde só cabiam por volta de duzentas pessoas. E assim os ingressos para a apresentação logo viraram os mais procurados da cidade. Como o interesse na banda era alto, eles organizaram outro evento parecido no Ruby Lounge, que aconteceria em Manchester alguns dias após o último show com o One Direction (pelo menos por ora). As duas apresentações foram um enorme sucesso, levando os garotos a publicar uma mensagem bem especial para os fãs: "Hoje fizemos nosso primeiro show fora da Austrália! E só queríamos dizer muito obrigado pelo apoio de todos! Hoje foi um dia especial para nós [...] Amamos todos vocês!"

A turnê *Take Me Home* estava programada para continuar pela Europa em maio e junho. Outro grupo, Camryn, foi contratado para abrir os shows na Europa após ter sido uma das bandas de abertura na turnê *Up All Night* um ano antes.

Embora essas semanas tenham sido uma pausa bem-vinda nas viagens para Luke, Michael, Calum e Ashton, definitivamente não eram algo que pudessem considerar como dias de folga. Estimulados pelo sucesso desses shows em que foram a atração principal, os garotos anunciaram outra apresentação solo em Londres, agora na O$_2$ Islington Academy, local bem maior, com capacidade para mais de oitocentas pessoas. O convite publicado na página da banda no Facebook dizia: "Esses shows vão ser totalmente épicos, e mal podemos esperar para passar um tempo, comemorar e enlouquecer com todos vocês", e foi atraente demais para ser ignorado pelas fãs. Mais uma vez, a demanda excedeu e muito a disponibilidade dos ingressos, levando-os a se esgotarem em menos de dois minutos. Para tentar atender essa demanda, decidiram fazer mais dois shows: outro na Islington Academy e um terceiro na O$_2$ Academy 2 de Birmingham. Os ingressos dos dois se esgotaram em poucos minutos.

Além de fazer shows solo, os garotos continuaram a compor e a gravar músicas para o álbum. Durante esse período eles terminaram a faixa "Try Hard", que Calum e Luke compuseram com Richard Stannard, Seton Daunt, Ash Howes e Tom Fletcher do McFly. O 5SOS até conseguiu arranjar tempo para fazer uma viagem de um dia à cidade litorânea de Blackpool, na costa noroeste da Inglaterra. Eles pretendiam gravar o clipe para a música nas montanhas-russas e nos brinquedos da famosa Pleasure Beach, além de se divertir com as outras atrações de um dos parques de diversão mais populares do Reino Unido. Eles publicaram: "Foi muito divertido filmar isto. Na segunda vez que fomos a um parque temático, tiveram que fechá-lo para nós. LOUCURAAAA!" Os garotos aproveitaram a privacidade de ter um parque de diversões só para eles durante as gravações e passaram várias horas fazendo playback da música em algumas das maiores e mais rápidas montanhas-russas da Grã-Bretanha. Além de estar bem longe dos vídeos caseiros deles, não foi a gravação mais fácil para alguns integrantes da banda: Michael parecia particularmente enjoado em algumas cenas no parque de diversões.

No meio de maio, após os primeiros 36 shows da turnê do One Direction, uma série de apresentações solo lotadas no Reino Unido, e com um monte de canções recém-compostas e gravadas debaixo do braço, estava na hora de Luke, Michael, Calum e Ashton voltarem à Austrália. Eles deram um adeus feliz aos fãs britânicos no Facebook: "Temos muita sorte por termos sido tão bem-recebidos aqui no Reino Unido e na Irlanda por todos que nos descobriram e apoiaram! Vocês são muito dedicados e não poderíamos pedir nada além disso. Vocês estão realizando nossos sonhos mais rápido do que podíamos imaginar! Obrigado. Vemos vocês em breve! Com amor, sempre e sempre."

O efeito que toda essa exposição estava tendo na banda era bem claro: o clipe de "Heartbreak Girl" alcançou um milhão de visualizações no YouTube, e a página oficial da banda no Facebook passou de 150 mil "curtidas". A aposta no One Direction certamente teve resultado. Com a confiança renovada e sentindo-se verdadeiramente orgulhosos do trabalho, os garotos voltavam para casa e mal podiam esperar para reencontrar os amigos e a família após tanto tempo fora. Também havia algo guardado para os fãs mais leais da banda. Em retribuição à recepção de heróis que eles sem dúvida teriam, a banda tinha um presente especial para a família 5SOS nessa volta para casa.

CAPÍTULO DEZ

A VOLTA PARA CASA

"É legal voltar para casa. Não teríamos ido a lugar algum sem nossos fãs de Sydney ou da Austrália. Aquelas 12 pessoas que foram ao nosso primeiro show são o motivo de estarmos aqui agora."
Luke Hemmings, no *Daily Telegraph* australiano

Os garotos anunciaram que iriam fazer um show muito especial de volta para casa no Oxford Art Factory em Sydney, no dia 21 de maio de 2013, logo após chegarem à Austrália. O espaço ocupava um lugar especial no coração dos garotos por ser um dos primeiros em que se apresentaram na cidade natal, após se comprometerem totalmente com a banda e com a ideia de levar o 5SOS para a estrada. Eles o viam como um agradecimento sincero aos primeiros fãs locais, e sem dúvida seria um alívio tocar para um público relativamente pequeno de quinhentos rostos amigáveis em vez das dezenas de milhares de fãs aos berros, que vinham encarando todas as noites na turnê do One Direction.

Como se o show do Art Factory não bastasse, poucas horas após aterrissar o 5SOS revelou que ia voltar à estrada em junho para uma série de shows na Austrália, como atração principal, em uma turnê com o atrevido nome de *Pants Down Tour*. Eles publicaram na página do Facebook da banda: "Empolgadíssimos por enfim estarmos em casa [...] Sentimos saudade pra caramba de vocês [...] e realmente queremos ver a maior quantidade possível de vocês enquanto estivermos aqui. Por isso temos uma notícia épica!! Vamos começar uma turnê australiana semana que vem [...] Vai ser irado." Obviamente os rapazes não queriam desperdiçar um minuto sequer da pausa na turnê *Take Me Home* e pretendiam dar aos fãs australianos uma prévia do que esperar quando a turnê do 1D chegasse a suas cidades dali a alguns meses.

O show esgotado no Oxford Art Factory foi um ponto alto para o 5SOS. Os dedicados fãs australianos tinham esperado demais para voltar a vê-los (havia se passado quase um ano desde o último show solo deles em casa), e a banda estava determinada a provar que toda aquela paciência não tinha sido em vão. Principalmente Ashton estava doido para voltar ao palco e mostrar a todos o que eles estavam perdendo, chegando a escrever alguns dias antes do início da *Pants Down Tour*: "Em casa e extremamente entediado hoje. Isso me faz perceber que a única coisa em que sou bom é estar no palco me apresentando para vocês, pessoal." A banda sabia que nesse ambiente relativamente tranquilo haveria a oportunidade de exibir algumas das

Luke, Michael, Ashton e Calum embarcam na viagem de suas vidas: nasce o 5 Seconds of Summer.

Não demorou muito para os garotos ganharem um grupo de seguidores fiéis, em parte graças à presença da banda nas redes sociais e à relação próxima que os integrantes têm com os fãs.

Mesmo os garotos mais trabalhadores precisam de um tempo de lazer. (**à esquerda**) Calum e Ashton se divertem no porto antes de um show, em junho de 2013; (**abaixo**) Luke e Calum passeiam no Sunset Boulevard, Los Angeles, em maio de 2014.

(**Acima, da esquerda para a direita**) Luke, Michael, Ashton e Calum estavam muito empolgados por participarem de seu primeiro BRIT Awards, em fevereiro de 2014.

(**Abaixo**) Os rapazes rapidamente se acostumam ao tratamento VIP do tapete vermelho enquanto posam para fotos no Billboard Music Awards em Las Vegas, maio de 2014.

Em contato com a mídia: (**acima**) durante uma participação em um programa de rádio em Paris, em abril de 2014; (**abaixo**) em um momento de socialização com celebridades, os rapazes posam com Kate Hudson no estúdio SiriusXM, em Nova York.

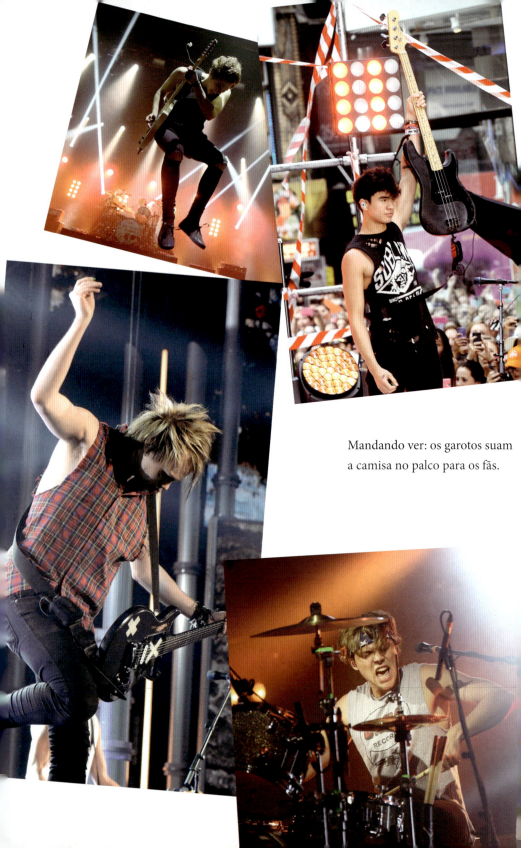

Mandando ver: os garotos suam a camisa no palco para os fãs.

Heróis para os fãs e agora super-heróis na vida real: o quarteto faz uma apresentação de rapel em um ponto turístico de Londres para promover o álbum *5 Seconds of Summer*, em julho de 2014.

A fama não vai durar apenas cinco segundos: a banda já alcançou o topo das paradas, e esse é só o começo.

música novas em que estavam trabalhando tanto para terminar, além de mostrar a todos como suas habilidades como artistas e músicos evoluíram. Parece que ninguém ficou decepcionado com a apresentação naquela noite. Sem dúvida foi uma volta para casa digna dos sonhos dos garotos no período em que ficaram longe de Sydney.

Ansiosos para aproveitar aquele momento favorável, os garotos publicaram "Try Hard" no dia 1º de junho de 2013, estreando o vídeo gravado na Pleasure Beach em Blackpool, Reino Unido, no mês anterior. A música e o clipe viraram queridinhos dos fãs e atingiram aproximadamente 13,5 milhões de visualizações no YouTube quando este livro estava sendo escrito. Após um período disponível para download gratuito, ela foi lançada oficialmente como parte do EP *Don't Stop* em 2014.

Faltando apenas duas semanas para entrarem no avião e reencontrarem o One Direction para a etapa norte-americana da turnê *Take Me Home*, o 5SOS se preparava para um show solo que seria outro evento marcante, pois eles não só tocariam pela primeira vez em Perth (capital da Austrália Ocidental), mas também se apresentariam como atração principal para a maior plateia até então, visto que cada local da turnê *Pants Down* tinha capacidade para mais de mil pessoas.

A turnê foi outro sucesso gigantesco para o 5 Seconds of Summer. Eles foram recebidos em todos os aeroportos por centenas de fãs aos gritos, e cada show parecia maior e melhor do que o anterior. Os garotos estavam determinados a se soltar no palco, e o clima de festa que prometeram aos fãs estava cem por cento presente a cada apresentação.

Quando a turnê acabou, os garotos estavam com os Estados Unidos na cabeça. Essa seria a primeira viagem deles ao país, e mal podiam esperar para conhecer os fãs norte-americanos. Eles criaram a hashtag "5SOS vs. Food" nas redes sociais e publicaram: "Falta menos de uma semana para irmos aos EUA!!! Estamos muuuuito empolgados. Primeira parada, FLÓRIDA. O que fazer quando chegar? Mandem algumas sugestões com #5SOSVSFOOD." A banda estava pensando com o estômago: "Queremos ver fotos de todas as comidas americanas que vocês acham que devemos experimentar na turnê e onde podemos encontrá-las. Coisas como Philly Cheese Steaks [sanduíche de queijo e carne bovina], cachorro-quente, Buffalo Wings [asas de frango apimentadas]!! Mande as imagens para o Tumblr usando #5SOSVSFOOD." Após receber uma enxurrada de sugestões e imagens dos fãs pelo mundo, os garotos certamente não ficariam sem ideias sobre o que comer nessa etapa da turnê. Eles poderiam até esquecer o quanto sentiam falta da comida do restaurante australiano Nando's!

Com o cardápio resolvido, Luke, Calum, Michael e Ashton publicaram: "Muuuito ansiosos para voltar à turnê TMH!! EUA, vemos vocês em breve." Eles estavam prontos para a grande aventura que viria a seguir. O 5 Seconds of Summer iria viver seu sonho americano.

CAPÍTULO ONZE

SONHO AMERICANO

"O céu é o limite, eu acho. Já cumprimos todos os objetivos que tínhamos."
Michael Clifford, no *60 Minutes* australiano

Toda banda sonha em fazer sucesso nos Estados Unidos. Berço do rock and roll em 1950, o país conquistou seu lugar na história da música e manteve o status de um dos centros mais importantes de criatividade e inovação musical desde então. De artistas solo emblemáticos como Elvis Presley, Frank Sinatra, Madonna e Michael Jackson a bandas lendárias como Fleetwood Mac, Eagles, Beach Boys e Nirvana, os Estados Unidos são o lar de alguns dos artistas mais bem-sucedidos e influentes do mundo. Por esse motivo, conquistar o reconhecimento nos Estados

Unidos ainda é considerado o ápice do sucesso na indústria musical.

Muitos artistas que haviam alcançado grandes conquistas em seus países natais tentaram estourar nos Estados Unidos e fracassaram. Robbie Williams, talvez o maior artista solo masculino do Reino Unido, que costuma lotar estádios na Grã--Bretanha e pela Europa e vende milhões de álbuns nesses lugares, teve que se empenhar muito para pegar impulso nos Estados Unidos. Outro caso parecido é o do Girls Aloud, um dos grupos femininos mais bem-sucedidos do Reino Unido, que conseguiu emplacar uma impressionante sequência de vinte singles consecutivos entre as Dez Mais e cinco álbuns multiplatinados, mas que também não causou muita impressão do outro lado do oceano.

O fato de alguns dos artistas mais respeitados e esforçados do Reino Unido não conseguirem conquistar os Estados Unidos faz com que o sucesso do One Direction seja ainda mais extraordinário. A febre do 1D se espalhou por um exército de Directioners no país, levando os garotos a três álbuns no topo das paradas norte-americanas em menos de dois anos e criando uma paixão forte o suficiente para garantir à primeira turnê mundial em 2012 uma renda estimada de sessenta milhões de dólares (cerca de 160 milhões de reais) apenas em vendas de ingressos. Em termos de exposição, era difícil imaginar os possíveis benefícios para o 5 Seconds of Summer, pois a turnê *Take Me Home* do 1D teve mais que o dobro de shows da anterior. Chamar atenção na estreia nos Estados Unidos não garantiria o sucesso, mas era um ótimo ponto de partida.

Encontrar o público norte-americano para o tipo de pop-punk carregado na guitarra que eles faziam não seria necessariamente fácil. Embora a plateia nos Estados Unidos tenha aceitado muito bem as boy bands tradicionais, transformando Backstreet Boys, *NSYNC e o próprio One Direction em grandes nomes, ela vinha sendo bem resistente a bandas com garotos que tocavam os próprios instrumentos. Os equivalentes ingleses do 5 Seconds of Summer, as bandas Busted e McFly, não conseguiram sucesso duradouro do outro lado do Atlântico, e os artistas nacionais mais parecidos com eles a encontrar espaço no país foram Hanson e Jonas Brothers. O 5 Seconds precisaria entrar no palco toda noite e mostrar do que era capaz – e não seria a primeira vez que isso acontecia. Motivados pela resposta entusiasmada aos recentes shows solo na Austrália, não havia como negar que eles estavam mais do que prontos para o desafio.

O primeiro show de volta à turnê, no BB&T Center em Sunrise, Flórida, certamente foi um batismo de fogo em que se apresentaram para a multidão de vinte mil fãs que esgotou os ingressos, mas os garotos causaram um alvoroço e publicaram no Facebook: "Foi INCRÍVEL!!! A gente se divertiu demais, obrigado." Enquanto passavam pelos estados do sul, seguidos por Washington, Filadélfia e Massachusetts, os garotos anunciaram que planejavam fazer uma série de apresentações acústicas como atração principal, dando oportunidade de encontrar a banda depois. Eles aproveitavam para fazer apresentações solo em várias cidades importantes na rota da turnê do One Direction e escreveram na internet: "QUEREMOS FAZER SHOWS ACÚSTICOS em todos os lugares possíveis durante a fase americana da turnê *Take Me Home*. O que vocês acham?" O primeiro show solo deles nos Estados Unidos aconteceria dia 17 de junho no The Studio do Webster Hall, em Nova York. Quando os ingressos foram postos à venda, esgotaram-se em três horas. A resposta à pergunta feita no Facebook definitivamente era afirmativa.

Eles organizaram mais shows acústicos em Boston, Chicago, Los Angeles e uma data extra na Toronto Opera House, a primeira apresentação solo deles no Canadá. Após cada show, reservavam um tempo para publicar centenas de fotos dos *meet and greets* no site oficial da banda e nas redes sociais, como sempre mantendo os novos fãs conectados à família 5SOS. Para ilustrar o quanto a família se expandia rapidamente, o site oficial do 5 Seconds of Summer agora mostrava um mapa para onde fãs podiam mandar suas fotos e marcar a localização usando a hashtag #5SOS360. Não demorou muito para haver marcadores em todos os cantos do planeta.

Àquela altura, quando "Heartbreak Girl" estava quase chegando a três milhões de visualizações no YouTube e "Try Hard" passava de um milhão, os garotos fizeram o maior show até ali, mandando seu rock diante de trinta mil fãs no Hersheypark Stadium da Pensilvânia. Se essa apresentação demonstrou algo foi que o 5SOS podia entreter uma plateia imensa tão bem quanto os colegas do One Direction e que estava a caminho de virar um fenômeno de mesma escala, com um exército de fãs capaz de rivalizar com as Directioners.

A primeira etapa da turnê e o tempo passado em casa na Austrália preparou a banda para tudo o que a plateia americana poderia jogar para eles – o 5SOS só não esperava ter que acreditar nisso de modo tão literal. Como Luke explicou ao jornal *Sun*, "Jogaram seios de plástico na gente. É difícil de explicar [...] Acho que eu joguei de volta para a plateia." Michael acrescentou: "Acho que ficamos muito bons em desviar de objetos no palco [...] Já jogaram sutiãs. Uma vez jogaram um cubo mágico no Ashton. Era como se estivessem pedindo pra ele resolver, sei lá." Parecia que os fãs norte-americanos estavam ajudando a cumprir a promessa feita pelos garotos de que cada show seria uma festa inesquecível e estavam desesperados para obter o máximo de atenção possível da banda, mesmo se isso significasse distraí-los da apresentação com um projétil certeiro.

Embora as travessuras dos fãs estivessem ficando bizarras nos shows, os garotos não recebiam o mesmo tipo de assédio que os colegas do 1D, com hotéis cercados e a possibilidade frequente de quartos serem invadidos, mas, como Michael disse, ele estava ansioso para ter o mesmo tipo de atenção louca das fãs: "Ouvimos histórias de outras pessoas que foram tomar banho no hotel e encontraram uma fã lá. Mas isso não aconteceu com a gente. Poderia ser engraçado, na verdade."

Enquanto o verão progredia, além dos shows em arenas da turnê *Take Me Home*, as apresentações acústicas solo e seus respectivos eventos de *meet and greet*, os garotos tentavam fazer o máximo possível de entrevistas em rádios locais. Centímetro por centímetro, cidade a cidade, o 5 Seconds of Summer conquistava os Estados Unidos.

A banda conseguiu usar um dia de folga para visitar o Johnson Space Center da NASA em Houston, Texas, onde explorou a coleção de veículos espaciais e souvenires e teve a sorte de conhecer alguns ex-astronautas. Eles tiveram até acesso ao Centro de Controle de Missão. Sem dúvida foi uma alegria imensa para o lado nerd de Calum. O aumento na fama certamente abria portas para novos e diversos encontros em áreas que eles dificilmente teriam acesso se não tivessem escolhido essa carreira.

Julho deu lugar a agosto, e, com o fim da segunda parte da turnê à vista, os garotos começaram a pensar na vida após o extenso período com o One Direction. Ainda havia a parte australiana da turnê que terminaria em setembro e outubro, mas depois disso estavam livres. O 5SOS anunciou que faria outro show como atração principal no fim de novembro em Londres, agora no prestigiado local KOKO. Mais uma vez a procura por ingressos foi enorme, e o show se esgotou quase instantaneamente. Uma segunda data logo foi aberta e também rapidamente vendida.

O KOKO é um teatro peculiar em Camden Town. Com seu palco relativamente pequeno, além de balcões e camarotes, virou um dos locais mais populares na cena musical de Londres, recebendo uma série de eventos especiais como lançamentos de artistas, álbuns e shows esporádicos de grandes astros e estrelas internacionais. Com espaço para pouco mais de duas mil pessoas, é o local de tamanho perfeito para fazer grandes apresentações em um ambiente mais intimista. Prince fez um de seus lendários "shows secretos" lá em 2007, e, alguns anos depois, tanto Madonna quanto Coldplay causaram um tumulto quando decidiram usar o KOKO para lançar seus álbuns *Confessions on a Dancefloor* e *X&Y*, respectivamente. Para o 5SOS, essas apresentações de primeira linha com a presença de diversos veículos de comunicação marcariam o retorno triunfal da banda ao seu lar adotivo em Londres e dariam a arrancada para a próxima fase importante da carreira.

Quando saíram do palco do Staples Center em Los Angeles, Califórnia, no dia 10 de agosto de 2013, era hora de dar adeus ao One Direction, pelo menos por enquanto. Eles publicaram uma mensagem no Facebook dizendo: "Os garotos do 1D nos deram uma oportunidade especial, maravilhosa e incrível de mostrar ao mundo o que somos capazes de fazer. Seremos eternamente gratos. Vamos deixar vocês orgulhosos." Depois de tocar à sombra do gigante 1D por quase um ano, estava praticamente na hora de o 5 Seconds of Summer voar sozinho, mas eles ainda tinham alguns passos importantes a dar, incluindo assinar contrato com uma gravadora e terminar o primeiro álbum.

Para Luke, Michael, Calum e Ashton, toda a experiência da turnê *Take Me Home* foi inestimável por expor a banda a legiões de novos fãs em potencial, além de tê-los transformado em artistas muito mais respeitáveis ao vivo: eles viraram uma unidade bem mais organizada no palco e mostravam energia e carisma inigualáveis. Tudo isso, somado à maturidade cada vez maior nas músicas compostas e produzidas por eles, diferenciava o 5SOS de quase todos os outros artistas pop do mercado. Mas se a banda quisesse se inserir na indústria musical e terminar o álbum de estreia para poder lançá-lo, eles precisariam ter a ajuda (e o respaldo financeiro) de uma grande gravadora. Apenas com a experiência de uma grande empresa e uma equipe de marketing completa o 5SOS poderia ter o lançamento internacional que merecia. Chegou a hora de enfim assinar o primeiro contrato com uma gravadora. Encontrar o selo perfeito para coordenar o lançamento do álbum de estreia e dar à banda um lar para os seus futuros produtos era uma das últimas peças que faltavam do quebra-cabeça. Contudo, antes de se comprometer com qualquer acordo, havia outra decisão importante a ser tomada – e era das grandes.

As duas partes da equipe que cuidava da carreira da banda decidiram acabar com a sociedade, dando ao 5SOS a oportunidade perfeita para reavaliar e reestruturar a situação com os empresários. Tentando causar o mínimo de transtorno possível e manter o embalo favorável que já tinham criado, eles começaram a procurar um novo parceiro para trabalhar com integrantes da equipe atual. Um candidato se destacou entre os outros, a Modest! Management. Equipe de empresários que cuidava do One Direction, além de vários outros finalistas do *X Factor*, incluindo Olly Murs e Rebecca Ferguson, a Modest! era provavelmente a empresa mais bem-preparada para entender as necessidades da banda e ajudar a promovê-la em âmbito internacional. Embora a Modest! pareça uma escolha óbvia por ter a experiência e os recursos adequados para levar o 5 Seconds of Summer na direção que desejavam, a decisão de assinar com eles se mostraria bem polêmica.

Até esse momento, a carreira da banda vinha sendo administrada com sucesso pela Wonder Management, de Adam Wilkinson e Matt Emsell, cujo contrato permitiu aos garotos navegar pelo campo minado da indústria musical nas etapas iniciais da carreira, além de marcar as primeiras turnês e ajudá-los a lidar com a primeira grande série de shows com o One Direction. A mãe de Luke, Liz, explicou ao *60 Minutes*: "Eles tiveram uma base ótima até agora porque a equipe que está ao redor deles é como uma família. Os meninos os chamam de

SONHO AMERICANO

'família das turnês', porque realmente cuidam e tomam conta deles." Wilkinson e Emsell formavam uma equipe unida que envolvia a banda em todas as grandes decisões, tanto criativas quanto de negócios, agindo mais como pais do que empresários, e sem dúvida pensavam no interesse dos garotos a cada etapa. Contudo, Wilkinson ficou cada vez mais cansado de alguns aspectos do gerenciamento da carreira de artistas. "Eu me sentia bem afastado da minha paixão [...] Entrei na indústria musical porque amava música imensamente, e descobri que, como empresário, estava mais em reuniões e viagens do que em shows ou no estúdio", disse à *Music Network*. Ansioso para voltar a levar uma vida mais simples, Wilkinson tomou a decisão de ceder a sua parte como empresário do 5 Seconds of Summer em um acordo amigável. Embora ele não tenha mais qualquer ligação profissional com a banda, ainda mantém contato sempre que o 5SOS volta à Austrália.

A Modest! foi fundada por Richard Griffiths e Harry Magee em 2003. Com o tempo, a empresa construiu a reputação de ser uma das melhores equipes de administração de artistas no mercado e, em 2006, fez um acordo que lhe concedeu exclusividade para assinar com todos os participantes que chegassem à etapa ao vivo do *The X Factor* britânico. Isso significava que eles contratavam automaticamente artistas como JLS, Alexandra Burke, Diana Vickers e Cher Lloyd. Parece que depois a empresa ficou mais rígida quanto às informações sobre o seu funcionamento (até hoje a Modest! não tem página na Wikipédia) e controla ferozmente o acesso da mídia aos seus clientes.

Ao que parece, vários artistas começaram a se sentir presos pelos contratos com a Modest!, e alguns, como as finalistas do

133

X Factor Rebecca Ferguson e Stacey Solomon, perderam muito dinheiro em batalhas judiciais para tentar se libertar deles. Segundo o blog *Telly Mix*, Ferguson atacou publicamente os antigos empresários no Twitter em julho de 2012, alegando estar "tão exausta que era fisicamente incapaz de andar sozinha, mas recebia ordens para ir trabalhar mesmo assim". Ela também acusou a equipe de empresários de "perseguição" no Twitter para saber o paradeiro dela, dizendo: "[Eram as] mesmas pessoas que me fizeram trabalhar a ponto de ter um colapso, e isso tinha que parar!!! Preciso ver meus filhos. Vocês precisam me dar uma folga."

Quando os fãs do 5SOS ouviram boatos do possível envolvimento com a Modest!, a resposta foi claramente negativa. Embora a equipe de empresários mantenha uma boa reputação em vários locais e continue a administrar a carreira de muitos artistas pop extremamente bem-sucedidos como Little Mix, Alison Moyet, Cheryl Cole e, claro, One Direction, os fãs do 5SOS temiam que as críticas negativas divulgadas pelos vários artistas que abandonaram a empresa confirmassem que eles eram controladores, pouco solidários aos seus contratados e, consequentemente, aos seguidores deles. Para um grupo que criou e cultivou uma base de fãs extremamente leal por meio da interação e do acesso direto, a ideia do 5 Seconds of Summer assinar com uma equipe de empresários que poderia usar sua influência para mudar a banda ou limitar o contato com ela foi demais para os fãs aguentarem.

Abaixo-assinados começaram a surgir na internet estimulando os fãs a registrar sua desaprovação, e alguns imploraram aos meninos para não assinar com a Modest!. Logo os protestos começaram a se espalhar pelos perfis da banda nas redes sociais, e também em vários sites de fãs. A equipe do 5SOS obviamente entendeu a preocupação, e Luke reafirmou a importância dos fãs: "Nós ouvimos o que os fãs querem e ouvimos o que eles querem que a gente faça. Então [nós] reagimos e tentamos trabalhar com isso. Tentamos deixar todo mundo feliz."

Os meninos do 5SOS e suas famílias estavam ansiosos para manter um determinado grau de controle sobre a carreira deles e acabaram chegando a um acordo que agradou a todos. Eles confiaram a Matt Emsell e à equipe da Wonder Management a responsabilidade de continuar o trabalho iniciado há alguns anos, assinando um contrato de administração conjunta com a Modest!. O acordo garantia a continuação do envolvimento de Emsell (e seu toque mais pessoal) no dia a dia do grupo, enquanto a Modest! cuidaria das engrenagens da indústria responsáveis pelo lançamento internacional do 5SOS. Fechado o acordo, era hora de os garotos escolherem a gravadora.

Houve muito interesse em assinar contrato com a banda após o sucesso inicial na Austrália, mas o 5 Seconds tomou a decisão corajosa e um tanto inesperada de "esperar para ver no que ia dar". Aproveitaram esse tempo para definir a aparência e o som do grupo antes de assinar um contrato que pudesse reprimir o impulso criativo deles e influenciar a forma pela qual seriam apresentados ao mundo. Determinada a continuar sendo uma banda que toca guitarra, além de compor e gravar composições próprias, o 5SOS fez questão de voar solo o máximo que pôde. Sem o envolvimento com uma gravadora na construção de um primeiro repertório, os garotos conseguiram evitar que alguém de fora ditasse um rumo mais comercial para a música deles. Estava claro que o 5 Seconds of Summer nunca seria outra banda "fantoche": a decisão de continuar independente e ter uma identidade própria como grupo foi fácil, mas encontrar outra pessoa na indústria musical que entendesse essa visão poderia ser bem mais difícil.

Felizmente, os garotos acharam uma empresa que parecia dar todo o apoio a essa vontade deles de manter o controle sobre o próprio destino. Eles decidiram confiar na Capitol Records e em seu presidente, Steve Barnett. Como Ashton disse ao site *OCC*, "Não havia muita gente que entendesse a visão da banda, mas a Capitol conseguiu." O fundador da Modest!, Richard Griffiths, já tinha levado Barnett para ver o 5SOS em um dos shows que o One Direction fez em Dublin no início da turnê para medir o interesse dele, e o chefão ficou devidamente impressionado. "Eles foram contagiantes desde o momento em que entraram no palco", disse Barnett à *Billboard*, revelando que não demorou muito para decidir: "Após um minuto e meio da primeira música, dissemos ao Richard [Griffiths]: 'Estamos dentro!'"

Ex-presidente da Columbia Records, Barnett tinha sido fundamental para orquestrar o lançamento do One Direction e do consequente sucesso deles nos Estados Unidos. Após ser indicado presidente e CEO do Capitol Music Group em 2012, a reputação de executivo que entendia a necessidade de seus artistas terem liberdade criativa foi confirmada por Katy Perry, contratada da Capitol, em uma entrevista ao *Hollywood Reporter*: "Ele é um chefe incrível [...] É bom ter alguém lá que sabe o que está fazendo." Embora Perry seja sem dúvida a artista mais importante do selo, eles também têm a igualmente nada convencional

SONHO AMERICANO

banda de rock canadense Arcade Fire entre seus contratados. Se havia um par de rebeldes que personificava a necessidade dos artistas se expressarem plenamente era Katy Perry e Arcade Fire. Era sem dúvida algo reconfortante para o 5 Seconds ouvir, em um período de decisões tão importantes.

Lar de artistas icônicos como Frank Sinatra e Nat King Cole na década de 1950, a Capitol ganhou fama como um dos selos mais respeitados do mercado, mas passou por momentos ruins nos últimos anos. Quando o selo foi adquirido pela Universal Records como parte do acordo para comprar a EMI em 2012, foi decidido que ele voltaria aos tempos de glória e seria relançado como selo individual pela primeira vez em setenta anos de história. O presidente do Universal Music Group, Lucian Grainge, disse ao *Hollywood Reporter*: "Quando adquirimos a Capitol, assumimos um compromisso, tanto com a comunidade artística quanto com a indústria, de reviver esse antigo e grande selo [...] Tenho o imenso orgulho de ver o que Steve e sua equipe estão fazendo [...] O prédio está agitadíssimo." Todos os envolvidos na administração da carreira da banda concordaram. Nesse ambiente a criatividade de Luke, Michael, Calum e Ashton seria cultivada e, com sorte, floresceria a ponto de realizar todos os sonhos do grupo.

A oferta de dar à banda o próprio selo dentro da Capitol foi crucial para a liberdade artística, garantindo que os garotos teriam a última palavra nas decisões envolvendo o 5SOS e todos os possíveis produtos futuros relacionados ao grupo. Com o selo, eles manteriam o controle de tudo ligado ao som e à imagem da banda e, se quisessem, poderiam até contratar outras bandas. Com a nova equipe de empresários decidida e tendo em novembro de 2013 assinado com a gravadora que estava totalmente de acordo com a visão musical deles, os garotos estavam livres para se concentrar no que faziam melhor.

A determinação de fazer o álbum de estreia mais vigoroso possível era tão grande que, apesar de terem um vasto estoque de músicas compostas e gravadas em Londres, os garotos insistiram que ainda precisavam terminar mais algumas de modo a ter uma quantidade suficiente de músicas com a qualidade necessária para fechar o álbum que sempre sonharam em fazer. Ficou decidido que após o fim da etapa norte-americana da turnê do 1D, o 5SOS ficaria em Los Angeles e passaria mais um mês compondo e gravando. Dessa vez eles trabalhariam com alguns dos melhores talentos da composição norte-americana e acabariam conhecendo boa parte de seus ídolos musicais, além de algumas lendas da música.

CAPÍTULO DOZE

ESCREVER, GRAVAR, DORMIR, REPETIR

"Não é ruim estar no mundo 'pop' em que estamos agora, mas vamos crescer como banda e as pessoas vão nos ver de modo diferente."
Michael Clifford, na revista *Rock Sound*

Se os garotos do 5 Seconds of Summer achavam que haviam sido muito pressionados antes, estavam prestes a receber um belo choque de realidade. Com uma folga de apenas quatro ou cinco semanas após a segunda parte da *Take Me Home Tour* terminar, em agosto, havia muito trabalho a fazer antes de cumprir a agenda e sair dos Estados Unidos para reencontrar o One Direction em Adelaide, Austrália, no fim de setembro.

Luke, Michael, Calum e Ashton ficariam em uma casa alugada em Los Angeles com o único objetivo de compor e gravar outra leva de músicas novas para aumentar o repertório de músicas originais acumulado no último ano. Luke explicou ao site *Coup De Main* o processo colaborativo que deu tão certo nas sessões londrinas e que pretendiam repetir em LA: "Geralmente compomos com outras pessoas em grupos de dois. Então, por exemplo, eu e Michael vamos a uma sessão de composição, enquanto Calum e Ashton vão a outra. Geralmente nós chegamos com uma ideia ou as pessoas com quem estamos compondo têm uma ideia e tentamos criar uma canção a partir daí."

No que dizia respeito à composição, Luke rapidamente explicou ao *Guardian* que eles ainda eram jovens e as músicas refletiriam isso, não importava com quem colaborassem: "Não vamos falar de política. Talvez quando formos mais velhos, mas agora falamos de ser desajustados, de garotas e tal." Calum explicou ao *HMV* como as coisas progrediram desde as primeiras tentativas de compor: "Quando começamos a trabalhar no álbum, fomos colocados em sessões com alguns compositores realmente conceituados. Antes disso, só tínhamos escrito alguma coisa em nossos quartos, por isso a habilidade de compor do grupo avançou muito naquele momento." Ao comentar a evolução do estilo da banda, ele disse: "Nós realmente descobrimos como o álbum seria nesse processo. Nosso som se desenvolveu muito mais do que imaginávamos."

As sessões londrinas deram aos garotos uma visão muito mais clara do rumo que gostariam de dar à música que faziam, e o período trabalhando com Steve Robson foi crucial para isso. Creditado por descobrir a fórmula do sucesso para o Busted e o McFly, cujo êxito obtido ao misturar o rock mais pesado e movido a guitarras com o power pop foi fundamental para o som do 5 Seconds of Summer, Robson teve resultados inegavelmente impressionantes. Embora não houvesse como negar que, apesar de imensamente populares no Reino Unido, essas bandas não impressionaram muito nos Estados Unidos, as coisas mudaram drasticamente na indústria musical desde o estouro do pop--punk no fim dos anos 1990 e início dos 2000. Embora o pop tocado com guitarras estivesse um tanto fora de sintonia com o que estava acontecendo no fim de 2013, o presidente da Capitol Records do Reino Unido Nick Raphael insistiu em uma entrevista à *Music Week*: "Não acho que um gênero desapareça, apenas entra e sai de moda, como tênis." Elogiando os garotos por acreditarem em si mesmos, ele especulou que o motivo da afinidade deles com o rock vinha do fato de morarem na Austrália e, portanto, estarem longe das tendências e mudanças mais recentes no gosto musical. "Eles não foram influenciados pelo que estava na moda e fizeram o que gostavam. Há uma grande sinceridade nisso."

Com o apoio da Capitol, os garotos continuaram com o objetivo de refletir suas primeiras influências musicais no trabalho (as bandas nitidamente norte-americanas Good Charlotte, Fall Out Boy e Green Day) e injetar as músicas novas do 5 Seconds com uma pegada de rock americano misturada a um toque de pop moderno. Ashton definiu aonde eles queriam chegar: "Você pode ouvir muitas das nossas influências ali, desde o rock e punk dos anos 1990 de que todos nós gostamos até artistas novos como o Imagine Dragons [...] [Por] mais que sejamos uma banda de rock, queremos ser uma banda de rock que você ouça no rádio." Luke resumiu perfeitamente: "Queremos ser uma banda de pop-rock. Queremos fazer parte desses dois mundos."

A Capitol realmente queria ajudar o grupo a colocar em prática a ambição que tinha para a música que faziam. Raphael disse à *Music Week*: "Pedimos à banda para listar dez músicas pop de sucesso que gostariam de ter gravado [...] Então achamos o que havia de comum entre elas e entramos em contato com algumas pessoas." No fim das contas, um homem seria crucial para ajudar os garotos a concretizar a visão que tinham. O produtor de rock veterano John Feldmann estava prestes a realizar todos os sonhos do 5SOS.

Figura muito influente na cena rock de Los Angeles no final dos anos 1980, John Feldmann ajudou a lançar a carreira de várias futuras lendas do rock norte-americano, como Pearl Jam, Korn, Alice in Chains e Rage Against the Machine. Após sua banda Goldfinger terminar no fim dos anos 1990, ele virou compositor e produtor. Feldmann tem o crédito de coautoria ou produção de músicas que renderam mais de 34 milhões de dólares (cerca de noventa milhões de reais) a grupos como Good Charlotte, The Used, All Time Low e Panic! at the Disco, além de oferecer seus conhecimentos a artistas pop como Hilary Duff, The Veronicas, Mandy Moore e Kelis. Falando ao *HMV*, Michael explicou como seus caminhos se cruzaram pela primeira vez: "Ele veio para um dos nossos primeiros ensaios antes de sair em turnê com o One Direction, sentou, observou e no final disse algo como: 'É, isso vai dar certo, vamos fazer algo juntos.' Um de nós disse que a gente amava o All Time Low, ele pegou o telefone, mostrou o número da banda e falou: 'Vou ligar para eles.'" Então, enquanto os garotos do 5SOS estavam ocupados viajando pelo mundo e impressionando multidões nos dois lados do Atlântico, Feldmann cobrava todos os favores que podia para dar aos garotos uns parceiros de composição muito especiais. Nas próximas semanas, o 5SOS conheceria nomes muito importantes da cena rock americana, sem falar de alguns dos seus ídolos.

A importância de John Feldmann nessa etapa da história do 5 Seconds of Summer não deve ser subestimada. Sem dúvida a personalidade e estilo tranquilo de trabalhar no estúdio, além do profissionalismo e habilidade como músico tiveram uma imensa influência no produto final entregue pelos garotos. Porém, a contribuição dele não se limitou a abrir a enorme lista de contatos e trazer compositores de fora, também se estendia às ideias diárias sobre cada música. Os garotos encontraram um mentor digno de nota em Feldmann. Antes dele, pessoas como Steve Robson e os caras do Busted e do McFly já tinham convencido o 5SOS de que a banda estava no caminho certo em relação à música que estava fazendo, mas no início houve uma dificuldade para encontrar uma equipe criativa que entendesse a visão deles, especialmente com uma perspectiva comercial. Ashton contou: "Foi muito difícil fazer produtores e o pessoal do selo entenderem isso, porque guitarras não estão na moda agora, o mercado [no momento] é muito pop. Tivemos que dizer a eles: 'Olha, só somos bons com guitarras!'" Essa determinação de manter as guitarras em primeiro plano na maioria das músicas novas prolongou o processo de gravação, pois a banda fazia questão de garantir que tudo estava certo e, como Ashton explicou, não abria mão de suas ideias: "Encontramos produtores que nos deixaram fazer isso." Michael disse que a busca acabou levando a Feldmann: "Quando começamos, ninguém tinha certeza de como deveria ser o nosso som, apenas nós, então levou um tempo para encontramos os produtores certos [...] Falamos com muita gente e reduzimos a lista às pessoas certas."

Uma apresentação feita pelo amigo de um amigo de Michael levou Feldmann ao fatídico encontro na sala de ensaios antes da turnê do 1D, e tudo pareceu se encaixar. Ashton revelou como os trabalhos anteriores de Feldmann e a capacidade dele de misturar gêneros foi fundamental para o início de uma grande amizade: "Ele é muito inteligente, sabe manter a mentalidade pop e não tenta enfiar algo pesado do nada [...] Ele é muito versátil."

A parceria se mostrou duradoura, e como Luke observou: "Ele não leva a gente à exaustão, mas trabalhamos por várias horas [...] Ele realmente se deu bem com a gente [...] Virou um dos melhores amigos da banda." Um dos principais colaboradores dos garotos, Feldmann ajudou a dar o tom de boa parte das gravações que acabaram entrando no primeiro álbum do 5 Seconds of Summer, ajudando a compor ou produzir oito das 12 faixas, incluindo "Kiss Me Kiss Me", "End Up Here" e "Long Way Home", além de "18", "Good Girls", "Everything I Didn't Say", "English Love Affair" e a nova versão de "Beside You".

O primeiro telefone vindo do caderninho de Feldmann foi para marcar uma sessão com Alex Gaskarth, guitarrista e principal vocalista da banda de rock-punk norte-americana All Time Low. Como o 5 Seconds of Summer, o All Time Low foi criado quando seus integrantes ainda estavam no ensino médio, em 2003, para tocar músicas do Blink-182, e assinaram o primeiro contrato com uma gravadora antes mesmo de completarem 18 anos. Gaskarth virou o compositor mais produtivo entre seus colegas, levando parte dos créditos em praticamente todas as letras do grupo. Quando *Nothing Personal* foi lançado em

ESCREVER, GRAVAR, DORMIR, REPETIR

2009, a banda emplacou nos Estados Unidos, conseguiu ter o primeiro álbum nas Dez Mais e cumpriu uma agenda frenética de turnês, causando alvoroço pelo mundo. O grande estouro deles veio com *Dirty Work* de 2011 e *Don't Panic* de 2012: ambos ficaram entre as Dez Mais nos Estados Unidos e conseguiram chegar até às Vinte Mais na Austrália.

Gaskarth concordou em trabalhar com os garotos do 5 Seconds no período de folga entre o fim da gravação de novas faixas para uma edição especial do álbum *Don't Panic* e o início do próximo projeto do All Time Low. Luke, Michael, Calum e Ashton estavam sinceramente honrados de trabalhar com um homem cuja música foi uma influência tão primordial para eles, a ponto de terem regravado a canção "Jasey Rae" em um dos primeiros vídeos no YouTube e no EP *Unplugged*. Michael estava particularmente fascinado: "O dia em que trabalhamos com o Alex deve ter sido um dos melhores da minha vida. Eu ainda penso nisso [...] Ele é um dos meus maiores ídolos, e foi uma loucura. Agora nós somos amigos, e ele nos dá muito apoio [...] Nunca pensei que viveria isso", disse ao *Coup De Main*. Ele mostrou o quanto estava impressionado também na entrevista ao *Alter the Press!*: "Foi simplesmente incrível [...] Eu o respeito muito, e quando estávamos compondo juntos, só o fato de ver o Alex, apertar a mão dele e ouvi-lo dizendo: 'É ótimo compor com você', já me deixou feliz da vida." Calum ficou igualmente impressionado: "A habilidade dele para compor é incrível." E também contou o quanto o All Time Low e Gaskarth foram uma inspiração desde cedo: "O início do All Time Low foi o que realmente me levou a compor. É muito legal perceber o progresso do Alex como compositor."

O período com Gaskarth foi muito produtivo e rendeu três músicas: "Kiss Me Kiss Me", "End Up Here" e "Long Way Home" foram compostas junto com Feldmann e entraram no álbum. "Kiss Me Kiss Me" é obra de Calum e Luke, enquanto "End Up Here" e "Long Way Home" vieram das sessões com Michael e Ashton.

Os garotos estavam quase na metade do período reservado para compor em Los Angeles quando a próxima grande colaboração foi revelada: o 5 Seconds of Summer iria entrar no estúdio com dois dos seus maiores ídolos: Joel e Benji Madden, da banda de rock norte-americana Good Charlotte.

Essa oportunidade foi especialmente importante para Luke, que disse à *Teen Vogue*: "Essas bandas dos anos 1990 formaram a gente [...] [O Good Charlotte] foi a primeira banda que me deixou obcecado. Foi meu primeiro álbum e primeiro show. Eles eram incríveis." A experiência foi recompensadora e rendeu uma das melhores músicas feitas pelo grupo até então. "Amnesia", composta por Joel e Benji junto com Sam Watters e seus parceiros de composição e produção Louis e Michael Biancaniello, acabou virando um dos destaques no álbum do 5 Seconds. Lançada como terceiro single oficial, ela ficou entre as Dez Mais na Austrália e Nova Zelândia antes do lançamento no Reino Unido, no início de setembro, onde a banda emplacou o terceiro single consecutivo de sucesso.

Àquela altura, as sessões de estúdio em Londres com o Amy Meredith pareciam ter acontecido há uma vida. Trabalhar com vários dos seus ídolos musicais fez os garotos ficarem ainda mais entusiasmados com o processo de gravação e composição, deixando o grupo ansioso para continuar progredindo. Com quase um ano de novas experiências de vida para servir de inspiração, eles estavam mais determinados do que nunca a colocar a própria marca em suas músicas e faziam questão que cada uma refletisse quem eles eram e o que desejavam dizer. "Todos esses grandes compositores trouxeram boas ideias para as sessões, mas é preciso compor sobre o que está acontecendo na sua vida. Tem que ser original [...] Manter a individualidade ainda é o mais importante", explicou Luke ao *HMV.com*. Foi a ideia de alcançar esse equilíbrio em cada música que chamou a atenção da banda – que aceitou com gratidão os conselhos de compositores mais experientes e que também acrescentou um pouco de sua própria personalidade e interesses a cada música. "Aprendemos muito com esses compositores", confirmou Ashton na mesma entrevista, declarando que a perspectiva singular da banda fez as músicas serem únicas. "Você compõe de modo diferente à medida que suas experiências mudam. [...] Os outros não têm as nossas experiências, apenas nós, então precisamos preservar isso."

Com isso em mente, os garotos perceberam que as músicas compostas ao longo do ano refletiam emoções bem diferentes e forneciam uma imagem interessante de como os integrantes do grupo evoluíam como jovens. Ashton observou: "Descobrimos que compomos muito mais agora sobre sentir saudades das pessoas. Estamos longe de casa há muito tempo." A biblioteca de canções estava aumentando e, embora ninguém esperasse um bando de músicas tristes ou baladas chorosas, eles estavam amadurecendo como compositores, e o álbum mostraria isso. Michael revelou: "Há muita variedade nele, era o que realmente queríamos." O álbum ainda estava longe de ser lançado, mas

Luke fez questão de dizer que estava ficando muito bom e começando a tomar forma. "Queremos que o primeiro álbum tenha uma unidade, mas que também seja diversificado [...] Tudo diverge de uma forma muito satisfatória no álbum, estamos muito felizes com ele."

Embora os garotos parecessem estar trabalhando em tempo integral, trancados em estúdios por longos períodos gravando ou compondo, eles tiveram algumas oportunidades para relaxar durante a estada em Los Angeles. Mantiveram contato com os fãs organizando vários eventos via TwitCam, chegaram a ir a um jogo de beisebol e até convidaram o DJ australiano da Nova FM, Kent "Smallzy" Small, que lhes deu muito apoio no início da carreira, para visitar a casa deles em LA. Durante uma noite especialmente agitada, os garotos receberam atenção indesejada. Calum disse ao *USA Today* que "fãs descobriram onde estávamos morando e mandaram dois strippers, o que foi bem engraçado". A história continua: "[Eles] tinham lanternas e apontavam para as janelas. Michael correu para mim, dizendo: 'Estão querendo invadir nossa casa!' Ainda bem que nada de mais grave aconteceu. Eles estavam com uniformes policiais, tipo, bem justos [...] e acabaram indo embora." Surpreendentemente, a experiência ainda não inspirou uma canção do 5 Seconds...

No meio de setembro a temporada nos Estados Unidos chegou ao fim, e os garotos voltaram à Austrália para descansar algumas semanas antes de voltarem à *Take Me Home Tour* em Adelaide. Após tanto tempo fora, todos aproveitaram a folga para ficar com a família e os amigos, mas estavam igualmente ansiosos para agradecer aos fãs. Requisitando o máximo possível da ajuda dos seguidores, os garotos anunciaram a chegada

ESCREVER, GRAVAR, DORMIR, REPETIR

do Instagram oficial da banda, prometendo lançá-lo quando a hashtag #5SOS fosse usada 1,5 milhão de vezes. Alguns dias depois, tudo estava em pleno funcionamento: os garotos tinham criado outra oportunidade para os fãs ficarem totalmente conectados à banda de que tanto gostavam.

No início de outubro, enquanto o vídeo de "Heartbreak Girl" passava das cinco milhões de visualizações no YouTube, os garotos preparavam mais um capítulo de sua incrível jornada. A *Take Me Home Tour* estava prestes a terminar, e essa era a deixa para a próxima etapa. Pelo menos por enquanto, o foco da banda estava em fazer shows como atração principal e colocar a nova fase do plano em ação: era chegada a hora de o 5 Seconds of Summer caminhar com as próprias pernas, e nada iria impedi-los de encarar o mundo de frente.

CAPÍTULO TREZE

ENCARANDO O MUNDO DE FRENTE

"Eu só quero que as pessoas cantem nossas músicas a plenos pulmões nos carros, shoppings, pontos de ônibus. Em todos os lugares."
Ashton Irwin (@Ashton5SOS), no Twitter

Com outro mês de composição e gravação nas costas e boa parte do álbum pronta, todos estavam empolgados com a qualidade das novas canções. Logo eles precisariam fazer escolhas bem difíceis: em algum momento de um futuro próximo, alguém ia precisar decidir quais delas eram boas o bastante para serem incluídas no primeiro álbum da banda.

A etapa australiana da turnê *Take Me Home* levou o 5 Seconds of Summer a embarcar na série de shows mais cara que já fizeram em casa até então. Em seis semanas eles fariam várias apresentações nas principais cidades do país, incluindo seis noites no Allphones Arena (com capacidade para 21 mil pessoas), na cidade onde nasceram, Sydney. A procura por ingressos foi tão grande que foram obrigados a acrescentar quatro datas extras em Sydney antes de a turnê finalmente terminar, em 30 de outubro de 2013, após mais três shows adicionais na Rod Laver Arena, em Melbourne. O fim da jornada do 1D foi inevitavelmente um momento de sentimentos múltiplos para o 5SOS. Após a apresentação de Melbourne eles publicaram "Foi incrível" no Facebook e postaram uma foto dos bastidores com o One Direction A legenda dizia: "Já estava na hora de termos uma foto juntos. Vamos sentir falta desses caras, vejo vocês em breve, garotos!" Porém, ficou igualmente claro que a turnê deixou os meninos esgotados quando Calum perdeu a entrevista que o 5 Seconds of Summer deu a um programa de TV australiano, transmitida de manhã, por ter dormido demais. Ele escreveu no dia seguinte: "Eu ia sair da cama cedo para nos assistir no *Sunrise*, mas acabei acordando às três da tarde."

A turnê tinha sido exaustiva e uma das experiências mais duras que os garotos precisariam enfrentar. Nesse processo, eles receberam lições valiosas sobre habilidades musicais, truques para usar no palco e como levar uma multidão à loucura. Analisando esse período movimentado da história do 5 Seconds of Summer, Calum falou ao *Punktastic* sobre como a experiência tinha mudado a banda para melhor: "Foi uma oportunidade incrível para nós, que progredimos como banda ao vivo e aprendemos muito em termos profissionais. Foi uma curva de aprendizado imensa." Segundo ele, o período com o One Direction os fortaleceu como indivíduos: "Três de nós ainda tínhamos 17

ENCARANDO O MUNDO DE FRENTE

anos durante a turnê mundial, então precisamos crescer bem rápido e ficar longe de casa por cerca de um ano. Foi difícil, mas não gostaríamos de fazer outra coisa na vida."

Uma agenda tão longa e complicada seria um teste decisivo para o comprometimento dos garotos com a banda, mas o fato de terem se mantido firmes até o fim demonstrou que eles estavam dispostos a levar essa vida ainda por muito tempo, além de fortalecer os laços que já tinham uns com os outros. Os integrantes do 5SOS ficaram mais próximos tanto como amigos quanto como músicos e descobriram exatamente o que era necessário para transformar quatro indivíduos com as mesmas ideias em um conjunto mais intuitivo e criativo. De repente, o sonho de virar uma banda boa o bastante para competir com as que os inspiraram (Green Day, Good Charlotte e Blink-182) parecia possível. Eles agora eram uma máquina que funcionava a todo vapor no palco e, somado ao esforço de compor as próprias músicas, isso levaria o 5SOS a evoluir e virar uma força digna de respeito.

Os garotos encerraram o ano com as planejadas apresentações no KOKO em Londres e anunciando uma turnê completa pelo Reino Unido como atração principal nos primeiros meses de 2014. Como já era de se esperar, todas as datas se esgotaram em poucos minutos. O ano de 2014 prometia outro capítulo incrível na curta história da banda.

Enquanto cada um dos integrantes publicava mensagens especiais no YouTube pelo segundo aniversário da banda, e a página oficial do 5 Seconds no Facebook ultrapassava a incrível marca de um milhão de "curtidas", eles foram indicados pelo site *Buzzworthy* como Banda Revelação Favorita dos Fãs de

153

2013. Quando saiu a notícia da premiação em 18 de dezembro, os garotos estavam curtindo uma merecida folga com as famílias. Com o reconhecimento após tanto trabalho árduo e tudo nos bastidores se encaixando perfeitamente, estava na hora de planejar a segunda fase da jornada do 5 Seconds of Summer rumo à dominação mundial.

O ano de 2014 iria começar bem. Os garotos publicaram na internet: "Nossa folga na Austrália foi muito boa, estamos prontos para voltar ao rock!" No dia 10 de janeiro eles viajaram de novo para Los Angeles para mais sessões de gravação e composição. Com a banda agora oficialmente contratada pela Capitol Records, logo houve um turbilhão de novidades para receber bem o novo ano, o primeiro deles envolvendo o selo próprio da banda. Bem no estilo do 5SOS, eles pediram a ajuda dos fãs para decidir o nome: "Um dos motivos pelos quais chegamos até aqui é porque sempre trabalhamos diretamente com essas pessoas incríveis que são vocês! O que já fazem para nos ajudar é maravilhoso, e ter este selo garante que vamos continuar trabalhando diretamente com vocês enquanto lançamos o primeiro álbum (finalmente, LOL)." Prometendo que os fãs teriam a oportunidade de se envolver no selo quando estivesse em pleno funcionamento, eles avisaram: "Primeira tarefa: PRECISAMOS DE UM NOME [...] Sabemos que vocês são tão esquisitos quanto a gente, então pode ser algo sério ou engraçado, como vocês quiserem." Eles deram algumas sugestões, como Hi or Hey Records, Try Hard Records, Soft Punk Records, Banana Smoothie Records e Ketchup Records e depois permitiram que os fãs mandassem suas ideias. Como resposta às sugestões feitas por eles mesmos, Michael tuitou naquele mesmo dia: "Por que todo mundo acha que não estamos levando o selo a sério? NÓS SO-MOS PESSOAS MUITO SÉRIAS." No fim das contas, eles anunciaram o nome Hi or Hey Records como a melhor sugestão, dizendo aos fãs: "Vocês o colocaram em primeiro lugar entre os trending topics mundiais na semana passada, e também achamos um nome maneiríssimo."

O trabalho no estúdio continuava em um ritmo intenso, pois já havia outra viagem em vista. Alguns dias depois eles iriam a Londres, e em 2 de fevereiro eles finalmente estavam prontos para revelar os detalhes do primeiro single com lançamento oficial no mundo inteiro. Quando a banda pensava nos possíveis singles, "She Looks So Perfect" sempre ia para o topo da lista. "Queríamos algo que realmente explicasse a banda", disse Ashton ao *Today Show*. "Nós entendemos esse negócio de boy band e só queríamos fazer uma música pop-rock e dizer: 'Somos o 5 Seconds of Summer e somos diferentes.'" A música também servia de ponte entre o que os fãs já tinham visto e o que a banda desejava fazer no futuro. "Não lançamos nada desde que tínhamos uns 15 anos. O tipo de som, a aparência, tudo mudou. Nós crescemos um pouco."

"She Looks So Perfect" foi composta por Ashton, Michael e Jake Sinclair durante as sessões de Los Angeles. Em retrospecto, parece ter sido a escolha óbvia para o primeiro single internacional, mas não foi um sucesso instantâneo entre todos no 5SOS.

Jake Sinclair não era apenas um compositor de renome, mas também era reconhecido como músico e técnico de estúdio e havia contribuído para canções de algumas das bandas favoritas do 5 Seconds of Summer, como Panic! at the Disco e Fall Out

Boy. Em algum momento anterior à sessão de composição agendada com Ashton e Michael, ele estava na loja da American Apparel perto de casa, sonhando acordado enquanto esperava na fila para comprar cuecas. Observou os anúncios na loja com imagens de garotas vestindo cuecas e confessou à *Billboard*: "O cérebro é um negócio esquisito [...] Eu só pensei: 'Ah, seria legal se minha namorada vestisse.'" Sinclair registrou aquilo em sua memória e continuou os seus afazeres. De volta à reunião com Ashton e Michael, a ideia combinava com algo em que os meninos estavam trabalhando. "Ele mostrou isso para nós e disse 'É o que eu tenho, essa é a ideia'", revelou Ashton ao *Sugarscape.com*. "Achamos que era realmente fofo e meio que desenvolvemos a ideia." Ashton e Michael terminaram a sessão com Sinclair, mas as dúvidas sobre a música começaram a assolar a mente deles, como Ashton depois explicou à rádio KIIS 1065: "Michael odiou. Nós a compomos em um dia e, quando saímos da sessão, ele disse: 'Cara, essa música é uma droga.' Aí eu falei: 'Que nada, cara, é boa.' Então fomos adiante e gravamos."

A música era sem dúvida uma declaração ousada. Com o canto de abertura "Hey Hey" abrindo caminho para uma massa gigantesca de baixo e bateria, esse definitivamente não era um single pop comum e foi um choque e tanto para quem esperava uma típica música de boy band. O refrão forte decolava por cima de guitarras pesadas, levando àquele gancho instantaneamente grudento que deixa a música na cabeça por muito tempo após ouvi-la pela primeira vez. Comparada aos grandes sucessos da época, como "Happy" do Pharrell, "Drunk In Love" da Beyoncé e "Royals" da Lorde, era totalmente diferente do que tocava no rádio no início de 2014.

No dia 4 de fevereiro foi anunciado que o download estava disponível para pré-venda via iTunes, enquanto o CD single podia ser adquirido no site da banda e em outras lojas virtuais. O lançamento foi realizado em vários países. A música ficou disponível para compra dali a poucos dias e virou sucesso instantâneo assim que a respectiva pré-venda de cada país começou. Surpreendentemente, o single chegou ao primeiro lugar em várias paradas apenas com a pré-venda, alguns dias antes de os fãs terem a oportunidade de ouvir a versão completa. No dia 7 de fevereiro, após publicar trechos do vídeo e algumas imagens, o vídeo com a letra foi divulgado e estreou no Vevo. A resposta dos fãs foi quase totalmente positiva, variando do simples "Foi ainda mais perfeito do que eu imaginava" ao totalmente bizarro "Queimei meu bacon porque estava assistindo a esse vídeo". Quando a empolgação inicial sobre os eventos daquela semana começou a esmorecer, os garotos publicaram no Facebook: "A semana passada foi uma loucura. Sentimos que fomos completamente agraciados e ficamos muito agradecidos."

O clipe irônico dirigido por Frank Borin mostra um grupo diversificado de pessoas comuns, incluindo um policial americano, clientes de um supermercado e de um restaurante, que começam a tirar a roupa enquanto a música os leva a um frenesi incontrolável de dança e luxúria. Ashton confessou ao *PopCrush*: "O que mais queríamos na vida era que alguém ficasse nu em um clipe nosso." Ele também explicou o desenvolvimento da ideia: "O diretor Frank Borin veio com a ideia, e a gente disse 'Isso é absolutamente perfeito.' Aí ele explicou mais: 'É, a música vai deixar as pessoas malucas e fazer com que tenham vontade de tirar a roupa.' E eu falei: 'Parece ótimo.'" Preocupados com eventuais problemas com a censura e possível veto por parte de alguns canais de clipes, nem todos no vídeo terminam usando a roupa íntima da American Apparel como diz a letra, e o diretor Borin explicou o motivo à *Billboard*: "A American Apparel não é para todos os tipos de corpo [...] Em algumas pessoas ficou pequena demais, ou indecente demais." O clipe termina antes de os garotos tirarem as próprias calças, por temer que a imagem deles de cueca fosse "inadequada", mas como Michael revelou: "Tem uma versão em algum lugar por aí com a gente de cueca! Mas ficou um negócio muito esquisito [...] tipo 'O que a gente faz agora?'"

Com os integrantes do 5SOS devidamente vestidos, o clipe oficial de "She Looks So Perfect" foi um sucesso instantâneo quando estreou no Vevo em 24 de fevereiro, tendo conquistado mais de 65 milhões de visualizações no YouTube desde então.

Infelizmente eles tiveram pouco tempo para refletir sobre os últimos acontecimentos, pois voltaram ao estúdio para gravar "Lost Boy", que Calum e Luke compuseram com Roy Stride, líder do Scouting for Girls. Ansiosos para deixar os fãs ainda mais empolgados com "She Looks So Perfect" antes do lançamento oficial na Grã-Bretanha no final de março, os garotos anunciaram uma breve turnê chamada *UK Radio Tour*, que os levaria a oito grandes cidades do país, dando entrevistas à imprensa e a rádios locais, além de conhecer o máximo de novos fãs pelo caminho.

Com o single tocando no rádio, o clipe em todos os lugares e o processo de escolher músicas para o álbum de estreia bem encaminhado, o 5 Seconds finalmente sentiu que tinha conseguido. Eles agora tinham algo concreto para mostrar após todo o trabalho realizado nos últimos anos. Além disso, a decisão de reservar um tempo, aprender a ser uma banda decente e fazer o tipo de música pelo qual eram apaixonados estava começando a render frutos. Cada um dos garotos fez muitos sacrifícios para chegar a esse ponto, tendo saído da escola, passado meses longe da família e dos amigos e concentrado todas as energias na banda. Em pouco mais de dois anos, eles foram bem longe. Michael expressou seu espanto ao *Music Feeds*, dizendo: "Nunca tivemos a intenção de ser conhecidos no mundo inteiro. Só achávamos que alguns amigos assistiriam aos vídeos, na melhor das hipóteses que os amigos deles também veriam." Se cair na estrada com o One Direction tinha se mostrado o ápice da educação da banda, lançar o material original seria definitivamente a formatura. Agora, com o som definido e músicas próprias, eles sentiram que esperaram por tempo demais e estavam mais determinados do que nunca a começar essa nova fase. Ashton explicou: "Quisemos ser discretos o máximo possível [...] Agora é a hora de mostrar ao mundo do que somos capazes."

Quando "She Looks So Perfect" foi finalmente lançada na Austrália no dia 23 de fevereiro, entrou na parada nacional ARIA em terceiro lugar e chegou ao topo na quinta semana. No Reino Unido, porém, o sucesso foi muito mais instantâneo. Lançada um mês depois, em 23 de março, a música foi direto ao primeiro lugar da Parada Oficial de Singles, fazendo do 5SOS o quarto artista australiano a chegar ao número um no Reino Unido e o primeiro em 14 anos a conseguir tal proeza. Em uma entrevista ao *Today Show*, Luke relembrou o momento em que receberam a notícia do primeiro lugar: "Eu me lembro de correr para o quarto do Ashton e dizer 'Estamos em primeiro lugar!'"

O baterista exclamou: "Era como se fosse Natal. A sensação foi exatamente essa."

Nos Estados Unidos, como "She Look So Perfect" foi lançada no início de abril em um EP e por isso considerada álbum em vez de single, pôde entrar na parada de álbuns. O EP *She Looks So Perfect* vendeu incríveis 143 mil cópias na primeira semana no país e já entrou na parada em segundo lugar. Só não chegou direto ao topo devido à arrasadora trilha sonora da animação *Frozen* da Disney, que àquela altura tinha vendido quase dois milhões de cópias e estava no topo da parada de álbuns *Billboard 200* pela nona semana. Como single, "She Looks So Perfect" acabou chegando ao 24º lugar na parada *Billboard Hot 100*, sendo o primeiro single dos garotos a entrar no Top 40.

Como cartão de visita, "She Looks So Perfect" sem dúvida tinha feito seu trabalho. Embora a banda não fosse muito conhecida nos Estados Unidos, o sucesso da música a colocou bem na mira da grande imprensa, que fez de tudo para entrevistar os garotos e contar a história deles. Jogados em um holofote muito mais brilhante, o 5SOS atingia um público maior do que nunca (Directioners que embarcaram no último ano sem dúvida ajudaram) e estava convertendo milhares de novos fãs a cada dia.

Um efeito colateral inusitado da popularidade da música após o lançamento foi o aumento nas vendas de cuecas da American Apparel. Parecia que a loja tinha conquistado um mercado completamente diferente, e a vendedora de uma das lojas, Amber Joyner, explicou à *Billboard*: "É um pessoal mais novo, que ouve música jovem como essa e não estava muito familiarizado com a nossa marca." A representante da American

ENCARANDO O MUNDO DE FRENTE

Apparel, Iris Alonzo, admitiu: "Não faço ideia se tem a ver com a música do 5 Seconds, mas houve um aumento de dez por cento nas vendas de cuecas nos Estados Unidos fora do aumento sazonal de praxe que vemos na primavera." Independente de a ascensão das vendas ser diretamente atribuída à forcinha dada pelos garotos, Luke disse à *Billboard* que até agora a banda não recebeu cuecas grátis da empresa. "Ninguém de lá mandou um e-mail sequer para nós [...] Eles estão se fazendo de difíceis", disse Michael ao site *Coup De Main*. "Acho que eles não gostam de nós. Ficaram chateados com a gente."

Os garotos sentiam que agora tinham feito todas as músicas de que precisavam para o álbum e, como Ashton contou ao *Alter the Press!*, havia muitas para escolher: "Temos [perto de] cem músicas." Contudo, havia alguns ajustes a serem feitos na gravação e na finalização. Embora as técnicas modernas de gravação permitissem fazer isso enquanto a banda estivesse na estrada, os garotos ainda tinham muitas horas de trabalho pela frente antes do álbum poder ser considerado pronto. Em uma entrevista ao *HMV*, Ashton confirmou: "Estamos no meio do nada perto de Oxford finalizando nosso álbum." Michael explicou que eles ainda sentiam muita pressão para terminar: "Disseram que temos pouco tempo e que precisávamos gravar seis músicas em dois dias. Foram longos dias." Calum mostrou seu jeito tranquilo nos momentos difíceis, fazendo piada: "Dava para ver que tínhamos pouco tempo porque o período dedicado ao FIFA Soccer caiu drasticamente."

Como a maior parte do trabalho já havia sido feita e o álbum estava sendo finalizado no estúdio, parecia lógico passar o resto desse período na estrada, fazendo shows e o máximo de trabalho promocional possível. Poucos dias antes de começar a turnê pelo Reino Unido como atração principal anunciada no fim de 2013, os garotos revelaram mais detalhes sobre os planos para os próximos meses. Após uma breve pausa para respirar, eles anunciaram uma agenda cheia que os colocaria na estrada até o início de maio, fazendo shows pela Europa, Estados Unidos e Austrália.

Primeiro seria a *5 Countries 5 Days Tour*, que levaria a banda a se apresentar na Suécia, Alemanha, França, Itália e Espanha em apenas cinco dias. Na semana seguinte eles começariam a primeira turnê norte-americana como atração principal em São Francisco, a *Stars, Stripes and Maple Syrup Tour*, visitando mais nove grandes cidades nos Estados Unidos e Canadá. Depois desses shows, eles voltariam à Austrália para a *There's No Place Like Home Tour*, com datas em Adelaide, Melbourne, Sydney, Brisbane e Perth.

A turnê no Reino Unido tinha acabado de começar quando, no dia 5 de março, os garotos deram notícias ainda melhores aos fãs internacionais: eles também estariam na próxima turnê mundial com o One Direction, a *Where We Are Tour* no Reino Unido, Irlanda, Europa e Estados Unidos, entre maio e outubro de 2014. Considerando que havia um álbum para terminar, lançar e promover, além dos compromissos com as turnês, 2014 seria o ano mais agitado para o 5 Seconds.

CAPÍTULO QUATORZE

ONDE ESTAMOS

"Queremos realmente deixar a nossa marca e ajudar as pessoas a perceberem que as bandas ainda estão vivas. Acho que se as pessoas não derem uma chance a bandas como a nossa, estão impedindo o rock de crescer, progredir e conquistar novos públicos."
Ashton Irwin, na revista *Rock Sound*

No começo de maio de 2014, faltando menos de duas semanas para reencontrar os colegas do One Direction e começar a *Where We Are Tour* na Irlanda, o 5 Seconds of Summer terminava a turnê *No Place Like Home* na Austrália. Algumas semanas antes, eles tinham feito o maior show como atração principal até então, no Dome de Oakland, Connecticut, para quase cinco mil fãs, e recentemente viram os números nas redes sociais, que já eram impressionantes, aumentarem ainda mais, ultrapassando os dois milhões de "curtidas" no Facebook.

Ao longo de 2014 a popularidade da banda aumentava e o status de "próximo grande sucesso" estava quase garantido. Além da turnê com o 1D, os garotos davam os toques finais ao álbum, fazendo o trabalho penoso de ter de reduzir a vasta coleção de canções gravadas a uma quantidade razoável, até chegar à lista final de faixas. Calum disse ao *Fuse Online*: "Estamos quase terminando o álbum. Já compusemos mais de cem músicas e finalmente reduzimos para umas vinte ou 25." Ele continuou: "Temos muito orgulho dele porque estamos compondo há muito tempo, então é bom finalmente ter uma obra nossa." Do enorme estoque dos garotos, uma canção se destacou quase tanto quanto "She Looks So Perfect".

"Don't Stop" virou uma grande favorita e, assim que foi gravada, passou a ser a concorrente óbvia para o segundo single antes do álbum. A música foi composta por Luke e Calum durante as sessões com Steve Robson, e recebeu contribuições de Michael Busbee, também conhecido como "busbee". No papel de compositor e produtor, busbee fez a mesma transição bem-sucedida de Robson: começou trabalhando em Nashville com nomes como Rascal Flatts e Lady Antebellum e ajudou a compor grandes sucessos pop para Alexandra Burke ("Bad Boys"), Timbaland ("If We Ever Meet Again"), Pink ("Try") e Kelly Clarkson ("Dark Side"), entre outros. A compreensão dos ganchos pop e produções baseadas em guitarras fez de busbee o parceiro ideal para o som emergente do 5 Seconds of Summer. Começando com o ritmo forte da bateria, seguido pelas guitarras e um riff ainda mais pesado e cortante, ela é bem mais direta (e com uma pegada mais punk) do que "She Looks So Perfect". Mas assim como a antecessora, "Don't Stop" cresce nos ganchos e tem um refrão ainda mais grudento que o single de estreia. Com menos de três minutos de duração, é um choque rápido e afiado de harmonias brilhantes e alegres movidas por uma energia sem limites.

Quando a banda anunciou "Don't Stop" como próximo single internacional (exceto nos Estados Unidos, onde a faixa "Good Girl" foi lançada como prévia do álbum), imediatamente foi publicado um vídeo com a letra no YouTube. Esse vídeo preliminar conseguiu alcançar sozinho um milhão de visualizações em 48 horas, o que é uma indicação bem clara de quanto o número de fãs estava crescendo. Ainda mais extraordinário é que poucas semanas depois, quando foi lançado o clipe oficial, ele teve mais que o dobro dessas visualizações no mesmo período de dois dias. Ashton foi ao Twitter mostrar seu espanto: "Minha nossa, 'Don't Stop' está com dois milhões de visualizações, como assim, quando isso aconteceu?"

No vídeo com a letra os garotos realizaram a clássica fantasia infantil de virarem super-heróis, interpretando alter-egos que são personagens de quadrinhos. A diretora do vídeo Sophia Ray disse à MTV: "Achamos que seria algo legal e positivo ir pelo caminho dos super-heróis." Segundo ela, os garotos escolheram os nomes dos seus personagens: Luke virou Dr. Fluke, Ashton era Smash, Calum adotou o nome Cal-Pal e Michael se transformou em Mike-Ro-Wave. Os garotos depois revelaram as origens de seus alter-egos em um engraçadíssimo vídeo das *Lost Tapes* [Gravações Perdidas], no qual Calum admite não ter poderes, o que faz dele "o pior super-herói de todos", e Ashton explica que suas habilidades surgiram quando ele foi esmagado por um equipamento de musculação. Luke, como sempre, evita falar muito, mas admite que o seu poder vem das luvas bacanas, e Michael revela o mantra de seu herói: "Você é o que come." Além do humor e da óbvia realização de um desejo dos garotos, o vídeo com a letra tem uma mensagem mais séria, com a banda promovendo uma campanha antibullying iniciada após relatos de que a irmã de Ashton teria sido vítima de bullying na escola onde estudava. Nesse vídeo, os garotos trabalham em equipe para salvar uma menina ruiva de uma gangue e, como Ray explicou, "ela foi inspirada nas fãs da banda. Queríamos que ela representasse todas as fãs, todas as pessoas que eles vão ajudar com essa campanha antibullying".

O videoclipe oficial saiu algumas semanas depois e foi dirigido por Isaac Rentz, que explicou o conceito em um vídeo nos bastidores: "Assim que vi o quanto eles eram carismáticos e divertidos, pensei: 'Tenho que usar essa ideia para a banda.'" Filmar o clipe foi uma experiência incrivelmente divertida, e Luke disse ao *Daily Star*: "Para ser sincero, gravamos tantas cenas nos dois dias que poderíamos até fazer um longa-metragem." Alimentando boatos de que o 5SOS seguiria os mentores do One Direction na tela grande, ele comentou: "Adoraríamos fazer um filme." Embora não seja exatamente um filme, o clipe dá uma ideia do estilo dos garotos como super-heróis e tem momentos bem engraçados, com eles descobrindo que o trabalho do super-herói não é fácil e nem sempre cheio de agradecimentos das vítimas salvas. Individualmente, eles obtêm diferentes graus de sucesso quando tentam salvar um gato perdido, ajudar uma velhinha a atravessar a rua e enfrentar uma gangue assustadora de pichadores. Apenas quando unem as forças, em uma versão 5SOS dos Vingadores, os garotos percebem que são mais fortes como equipe, o que talvez possa ser uma boa referência à história real da formação do 5 Seconds of Summer. Michael admitiu: "Eu passaria a vida usando aquelas roupas, menos quando precisasse fazer xixi. Nessas horas é bem difícil." Ashton teve a última palavra sobre a experiência no vídeo de bastidores, dizendo em tom de piada: "Ser um super-herói é irado. Melhor do que eu esperava. Cuecas apertadas... Eu me senti bem [...] protegido."

Além do lançamento de "Don't Stop", os garotos iriam fazer a primeira aparição na TV norte-americana em 19 de maio de 2014, pois foram convidados a se apresentar na cerimônia anual de entrega do Billboard Music Awards, no MGM Grand Hotel de Las Vegas. Participar desse renomado evento da indústria musical significava uma exposição inestimável, então foi tomada a decisão estratégica de anunciar o aguardado lançamento do álbum de estreia perto dessa premiação. Uma semana depois de publicarem nas redes sociais da banda a mensagem "ouvindo o álbum e pensando o quanto estou orgulhoso dos rapazes", para atiçar a curiosidade, o anúncio foi feito, no dia 13 de maio. A banda simplesmente declarou no Facebook: "Após três anos, finalmente podemos dizer a vocês que [...] NÓS TEMOS UM ÁLBUM!!!" E acrescentaram: "Trabalhamos muito nisso para vocês, e é ótimo que finalmente tenha saído. Esperamos mesmo que vocês gostem."

Foi um processo longo, e os garotos mantiveram pé firme para fazer exatamente o álbum que desejavam. Ashton explicou ao *musictakeabow.com*: "Passamos muito tempo sendo músicos [...] queremos mesmo fazer com que ele seja incrível musicalmente [...] Podemos nos gabar de fazer um som que nos dá orgulho." Na hora de batizar o álbum de estreia, parecia que a banda tinha esgotado toda a criatividade. Luke ponderou: "Essa é difícil. Criamos nomes para as turnês bem rápido, precisa ser algo espontâneo." O álbum acabaria tendo o mesmo nome da banda, e as palavras 5 Seconds of Summer eram o único texto da capa.

O álbum teve uma complexa estratégia escalonada de lançamento, que levou em conta os padrões de datas de lançamentos em diversos países – alguns lançam às sextas-feiras, enquanto outros preferem às segundas; nos Estados Unidos, novos álbuns geralmente aparecem às terças –, além de tentar calcular onde os garotos estariam na turnê com o One Direction de modo a estarem disponíveis para promover o trabalho. Assim, na Austrália, Nova Zelândia e em boa parte da Europa o álbum saiu em 27 de junho, com o lançamento no Reino Unido agendado para três dias depois. O Japão receberia o *5 Seconds of Summer* no dia 16 de julho, enquanto nos Estados Unidos, Canadá e México o lançamento seria feito em 22 de julho. A imensa máquina de publicidade em torno da aparição no evento da *Billboard* foi a plataforma ideal para criar burburinho em torno do álbum, e em pouco tempo ninguém mais se esqueceria de que ele estava a caminho.

Receber a oportunidade de se apresentar no Billboard Music Awards foi algo que o 5SOS levou a sério e, enquanto iam para Las Vegas ensaiar para o show, os garotos perceberam o significado daquilo e se deram conta de que era um marco em sua carreira. Uma banda relativamente desconhecida estrear na televisão em companhia tão respeitada? Seria de se esperar que sucumbisse à pressão. Claro que todos conseguiram manter a calma, embora o mesmo não se possa dizer de Kendall Jenner, estrela de reality show famosa pelas aparições em *Keeping Up with the Kardashians* e escolhida para apresentar os garotos no palco.

Ela começou por um breve resumo da bem-sucedida história do 5 Seconds of Summer, mas tudo degringolou quando Kendall, lendo do teleprompter, começou a apresentar a banda como One Direction. Algo indesculpável para a família 5SOS, mas talvez compreensível se levarmos em conta os boatos de que ela teria namorado o integrante do 1D Harry Styles. Como o relacionamento não vingou, talvez ela tivesse outras coisas na cabeça. Depois de uma rápida apresentação em vídeo da banda, a transmissão ao vivo voltou para Kendall, que encerrou: "Eles estão fazendo cada vez mais sucesso! Vamos ver." Infelizmente, poucos foram capazes de ouvir suas palavras, pois o 5 Seconds of Summer já tinha começado a se apresentar.

Dividindo o palco com alguns dos maiores nomes da música, como Miley Cyrus, Robin Thicke, Jennifer Lopez, John Legend e um holograma do Michael Jackson, os garotos fizeram uma versão intensa e cheia de energia de "She Looks So Perfect". O repórter da *Billboard* Chris Payne disse que foi uma "apresentação arrasadora", completando: "Embora tenha sido uma das músicas menos conhecidas do programa, o refrão contagiante de 'She Looks So Perfect' agradou a multidão com a maior facilidade."

Foi uma estreia triunfal na TV norte-americana que eles jamais esqueceriam. E também foi incrivelmente importante pela exposição da banda a uma plateia ainda maior e mais comercial. O 5 Seconds of Summer foi a apresentação mais comentada no

Twitter, levando o nome da banda aos trending topics em nível mundial e sendo citado quase meio milhão de vezes durante o programa. Embora esses sejam números impressionantes nas redes sociais até para o 5SOS, eles surpreendem ainda mais porque essa quantidade é maior do que as citações feitas a todos os outros artistas que se apresentaram naquela noite somadas.

Já deixando outro momento crucial para trás, os garotos agora se concentravam no lançamento do primeiro álbum. Na posição de último single oficial antes da grande estreia, "Don't Stop" foi lançada no meio de junho, alcançando o terceiro lugar na Austrália e o primeiro na Nova Zelândia. Algumas semanas depois, eles fizeram de tudo para tentar garantir o segundo single no topo das paradas do Reino Unido, com Luke admitindo ao *Daily Star*: "Espero outro número um, mas não quero me animar demais. Um primeiro lugar nunca é entediante, é sensacional. Ainda acordo pensando no primeiro, não sei o que faria se acontecesse de novo." Unindo forças com a varejista de música HMV para uma série de tardes de autógrafos em lojas durante a primeira semana de lançamento do single, eles chegaram a autografar mil cópias extras do CD, mandaram para uma das lojas londrinas e só contaram aos fãs onde estariam naquele fim de semana no Twitter. Segundo a HMV, oitocentas cópias autografadas foram vendidas em uma hora após o endereço da loja ter sido revelado. A principal concorrente dos garotos era a ex-participante do *X Factor* Ella Henderson, que havia chegado ao fim da temporada de 2012 em sexto lugar e estava finalmente lançando o single de estreia "Ghost", composto com Ryan Tedder do OneRepublic. Michael acompanhou de perto a batalha de canções durante os primeiros dias de venda e tuitou no início da semana: "Nem acredito que 'Don't Stop' está entre as três mais no Reino Unido, que loucura [...] Vocês são épicos." Acrescentando depois: "Estamos bem perto de conseguir o segundo número um no Reino Unido, e tudo graças ao apoio de vocês." Infelizmente, a convocação de Michael não foi o bastante e, após uma batalha duríssima que levou o 5 Seconds of Summer ao primeiro lugar no meio da semana, "Don't Stop" entrou na parada de singles britânica em segundo lugar, vendendo quase 82 mil cópias, apenas três mil a menos que "Ghost". Calum foi um bom perdedor e tuitou: "Eu só queria agradecer pelo segundo lugar nas paradas do Reino Unido! Vocês são o máximo! Não se esqueçam! Obrigado, obrigado!"

Nos Estados Unidos, "Don't Stop" não saiu oficialmente como single, mas foi disponibilizado para download, vendendo 91 mil cópias na semana em que foi oferecida a quem comprava o álbum do 5 Seconds of Summer na pré-venda do iTunes. Esse número, contudo, foi ofuscado pelo total de 121 mil downloads alcançados na primeira semana por "Good Girls", lançada algumas semanas depois.

Tudo estava indo na direção certa para o 5 Seconds of Summer, e as reações iniciais dos fãs antigos às novas músicas eram totalmente positivas. Novos fãs entravam na família 5SOS em quantidades cada vez maiores, e Ashton comemorou ter passado dos dois milhões de seguidores no Twitter dizendo: "Nossa, obrigado pessoal, isso é megaépico! Amo vocês. Vocês cresceram com a gente a cada etapa."

A banda assumiu o posto ao lado do One Direction para o primeiro show da *Where We Are Tour* em maio e aproveitou a oportunidade para refletir, percebendo que já tinham se passado dois anos desde a publicação do vídeo original de "Gotta Get Out". Eles sem dúvida tinham ido longe, e havia vários outros motivos para comemorar, levando Calum a escrever no Twitter: "Quatro garotos do oeste de Sydney acabaram de tocar em um estádio! Muito orgulho dos caras, eles foram muito bem!"

O único aspecto negativo da mudança dos garotos para o lado mais comercial foi a reação de alguns fãs antigos aos recém-convertidos à família 5SOS. Como acontece em várias bandas que começam pequenas e acabam formando um grupo de fãs dedicado e extremamente leal, o caminho rumo à aceitação pelo grande público pode ser problemático. Para alguns dos primeiros fãs, a ideia de outras pessoas se metendo no que eles consideravam exclusivo ou a ameaça de perder o relacionamento mais próximo que sentiam ter com a banda predileta pode ser muito difícil de lidar. Os fóruns na internet e sites de fãs bombavam em discussões sobre quem era fã há mais tempo, enquanto outros alegavam que quem tinha descoberto a banda pelo One Direction não era "fã de verdade", então os garotos decidiram intervir para neutralizar a situação e restaurar a harmonia na família 5SOS. Michael disse no Twitter: "As pessoas que apoiaram a nossa banda desde o início são o motivo pelo qual chegamos à posição em que estamos agora." E perguntou: "O que é esse negócio de 'fã de mentira'?" Ele continuou: "Fã é fã independente do que faz, não vamos julgar [...] Se alguém gosta de uma banda, não pense que você é melhor do que ele porque gosta da banda há mais tempo. Todos vocês descobriram a banda em algum momento #semódio." Embora não tenha resolvido totalmente o problema, os comentários de Michael deram o recado em alto e bom som.

A segunda leva de shows do 5 Seconds abrindo para o One Direction certamente fortaleceria a reputação deles como banda pop divertida e renderia ainda mais fãs jovens do sexo feminino pelo caminho, mas o lançamento do último lote de composições próprias também chamou a atenção de elementos mais sérios da indústria musical. Essa improvável combinação entre fandom pop e credibilidade musical levou a banda a ser indicada como Melhor Estreante Internacional no prêmio Kerrang! apenas algumas semanas depois de ganhar o prêmio de Novo Talento Favorito no Kids' Choice Awards do Nickelodeon. A posição incomum em que o grupo se encontrava ficou mais clara na crítica feita pelo site de música alternativa *Alter the Press!* para o EP *She Looks So Perfect*. Depois de esclarecer, só para constar, que o 5 Seconds of Summer não é uma boy band, garantindo que eles tocam de verdade e sugerindo que não deveriam ser julgados pelas bandas para as quais abriram no passado, o texto afirma: "Este não é o próximo passo para a ressurreição das boy bands, este é 5 Seconds of Summer. O EP *She Looks So Perfect* é o cartão de visita deles e é bom para caramba." E continua: "Esses garotos têm muito chão pela frente, mas começando assim têm tudo para serem grandes." A crítica terminava com: "Este não é o próximo ato da era das boy bands e sim o início de uma nova onda de pop/rock, algo desesperadamente necessário em um gênero que anda um tanto rançoso."

Nos meses seguintes, uma das maiores conquistas da banda seria gerenciar esse difícil equilíbrio entre alcançar o superestrelato pop e o desejo de serem reconhecidos como músicos sérios e de credibilidade.

Embora estivesse claro que levaria um tempo para converter boa parte dos fãs de rock, compreensivelmente desconfiados dos elementos mais certinhos e pop da música feita pelo 5 Seconds of Summer (além da ligação com o One Direction), alguns integrantes da imprensa séria de rock estavam mais inclinados a aceitar a banda. Em pouco tempo o comprometimento óbvio do 5SOS em promover a música baseada em guitarras, o entusiasmo ao citar Green Day e Blink-182 como maiores influências e a longa lista de parceiros de composição impressionantes que trabalharam no álbum de estreia do 5 Seconds fez com que as críticas mais duras mudassem totalmente, pois ficava difícil discutir com as credenciais roqueiras de várias pessoas com quem a banda estava envolvida. O contínuo relacionamento profissional com nomes do calibre de Alex Gaskarth do All Time Low, Benji e Joel Madden do Good Charlotte e o respeitado produtor de rock John Feldmann em pouco tempo levou a banda a ser bem recebida pelas publicações mais abertas do gênero. Reconhecendo que agradar à família 5SOS, que só aumentava, não faria mal às vendas, artigos e entrevistas começaram a aparecer em veículos como a *Alternative Press* e a *Rock Sound*, sendo que esta deu o passo ousado de não só colocar a banda na reportagem principal da revista mas também fazer quatro versões diferentes da capa com uma foto de cada um dos integrantes para promover a entrevista exclusiva com o 5 Seconds of Summer. Até a *Kerrang!*, antiga e autoproclamada "Bíblia" para tudo relacionado ao rock, começou a escrever sobre a banda tratando-a com respeito.

Quando a *Kerrang!* revelou as indicações para a sua premiação anual, houve quem ficasse chocado quando o 5 Seconds of

Summer foi incluído na categoria Melhor Estreante Internacional com Crossfaith, Issues, We Came as Romans e State Champs, que tocam um rock bem mais pesado. Infelizmente, a luta que eles enfrentavam para serem totalmente aceitos ficou bem clara quando, na cerimônia realizada em Londres no dia 13 de junho, eles foram recebidos com uma série de vaias da plateia ao serem anunciados como vencedores do prêmio. Os garotos aceitaram bem a reação negativa, apenas se dizendo "honrados por ganhar o prêmio Kerrang! de Melhor Estreante Internacional", acrescentando: "Muito obrigado a todos por votarem. Vocês são incríveis. Amo vocês, pessoal." Como sempre, eles tinham plena consciência de que eram seus verdadeiros fãs que importavam, e sempre seriam gratos pelo apoio recebido.

O editor da revista James McMahon expressou abertamente a opinião sobre a banda antes da premiação na sua conta no Twitter, dizendo achá-los "um lixo". Após vários ataques virtuais dos fãs do 5SOS, ele decidiu esclarecer o que disse. E voltou ao Twitter para deixar registrado que os comentários anteriores se deviam basicamente ao seu gosto pessoal: "Eu realmente tuitei que o 5 Seconds of Summer era um lixo. Porque, sabe, eu sou um cara barbudo de 33 anos." Ele continuou a dizer o que pensava, agora como editor da principal revista de rock do Reino Unido: "Se eles ajudarem alguém a gostar [de bandas de rock de verdade] um dia, então maravilha."

Essa opinião foi defendida com um pouco mais de eloquência em um artigo escrito por Matt Crane e publicado na revista *Alternative Press*, no qual fez questão de destacar que o estouro do 5 Seconds of Summer não foi apenas o triunfo de uma grande gravadora vendendo com sucesso uma nova banda pop, e sim algo que também precisava ser comemorado pelos setores mais amplos e sérios da indústria musical. Ele escreveu: "A banda é rotulada como pop-punk, o que são mesmo, embora na forma mais pop e voltada para o rádio. Em uma visão mais ampla, isso significa que a imensa infraestrutura de uma grande gravadora por trás dessa banda está destacando o fato de eles serem pop-punk em vez de tentar transformá-los em boy band, em um momento em que o pop-punk está sendo cada vez mais espinafrado como gênero pela cultura de música comercial." Crane chegou a prever que a popularidade do 5 Seconds of Summer poderia gerar outra leva de artistas pop que tocam guitarras: "Da última vez que vimos uma explosão desse estilo com o apoio da indústria musical, tivemos Blink-182, Sum 41, Good Charlotte, New Found Glory e outros."

O efeito colateral de ter cada um dos integrantes do 5SOS citando essas bandas com todo o entusiasmo como principais influências, além de nomear outros grupos de rock modernos como Paramore, All Time Low, Mayday Parade e A Day To Remember como atuais favoritos, especulou Crane, pode inspirar os fãs a investigar mais por conta própria, chegando a um espectro bem mais amplo de rock movido a guitarras e metal. Abrir as comportas para novos fãs só pode ser positivo para qualquer estilo musical, pois o aumento no interesse levaria a mais investimentos de gravadoras, além de dar um impulso bastante necessário a pequenos estabelecimentos de música ao vivo e aumentar o interesse da grande mídia como um todo. Se outro punhado de bandas pop-punk iniciantes com potencial de chegar à mesma posição do 5 Seconds of Summer em alguns anos receber uma forcinha graças à aceitação da banda pelo grande público, criando um pequeno movimento de bandas pop com guitarras, só se tem a ganhar.

Foi nessa atmosfera de otimismo que o álbum de estreia do 5 Seconds of Summer acabou sendo lançado algumas semanas depois e, embora não tenha sido considerado "o salvador do rock", foi aceito pela maior parte da imprensa musical "séria", como *Rolling Stone*, *Billboard* e *Alternative Press*, além das previsíveis críticas favoráveis feitas por diversas revistas pop e adolescentes.

Enquanto a *Where We Are Tour* terminava de percorrer o Reino Unido com três noites na O_2 em Londres, houve uma rara oportunidade para a banda ficar um tempo com a família. O programa *60 Minutes* australiano decidiu trazer as mães deles para passar uns dias em Londres e filmou o reencontro com os filhos. Foram dias emocionantes para todos. Esse evento destacou o fato de os garotos terem passado mais tempo longe de casa do que com suas famílias no último ano, e às vezes era obviamente difícil lidar com a separação. A mãe de Luke, Liz, disse ao *60 Minutes* o que sentiu ao ver o filho no palco em Londres: "Apenas um orgulho imenso, maravilhoso. Sempre me faz chorar [...] Já vi centenas de shows [...] Não importa se é em um local minúsculo ou no Estádio de Wembley, tenho a mesma sensação de orgulho e penso: 'Nossa, é o meu filhinho ali.'"

Embora tenha sido uma pausa merecida para os garotos (eles tiveram cinco dias de folga antes de reencontrar o One Direction na Suécia), ainda havia muito trabalho a fazer. Eles ainda gravariam possíveis faixas bônus em um estúdio londrino e estreariam na televisão britânica no *Sunday Brunch* do Channel 4. O objetivo era aparecer em alguns quadros de culinária do programa, nos quais as habilidades dos garotos na cozinha seriam postas à prova e se mostrariam quase inexistentes, além de falar de música, do álbum e das datas dos shows com o One Direction. Eles terminaram a participação com uma versão acústica bem intensa de "Don't Stop" no estúdio.

O 5SOS viajou para reencontrar os colegas do 1D na Suécia, Copenhagen e França, com parte da turnê interrompida para dar um pulo rápido no Reino Unido e se apresentar no Summertime Ball da rádio Capital FM. Há menos de duas semanas os garotos tinham se apresentado no Estádio de Wembley com o One Direction, mas agora dividiram o estádio com uma série de astros pop britânicos e internacionais, incluindo Pharrell Williams, Ed Sheeran, David Guetta, Ellie Goulding, Calvin Harris, Sam Smith, Little Mix e Iggy Azalea. Os garotos apresentaram três músicas para uma plateia em êxtase, que contava com vários superfãs do 5SOS carregando faixas e cartazes feitos em casa. O repertório incluiu as músicas próprias "Don't Stop" e "She Looks So Perfect", além da versão rock de "Teenage Dream" da Katy Perry feita por eles.

Nos últimos dias de junho os garotos terminaram a parte europeia da *Where We Are Tour*, passando pelos Países Baixos, Itália, Alemanha, Suíça, Espanha e Portugal, mas o ponto mais importante para a família 5SOS foi o esperado lançamento do primeiro álbum. Demorou um bocado até chegar esse momento, mas logo uma multidão se renderia aos encantos do 5 Seconds of Summer.

CAPÍTULO QUINZE

FAIXA A FAIXA

"O álbum? Ah, está totalmente pronto... Quase!"
Ashton Irwin, no site *musictakeabow.com*

O álbum de estreia do 5 Seconds of Summer é extraordinário por vários motivos, sobretudo por estar cheio de canções pop inesquecíveis e provar de uma vez por todas que os quatro rapazes australianos são muito mais que "apenas mais uma boy band". E apesar de só terem começado a compor ou gravar canções dois anos antes do lançamento do álbum, Luke, Michael, Calum ou Ashton dividem os créditos nas composições de todas as faixas, exceto uma. É uma proeza e tanto, considerando que a maioria dos primeiros álbuns geralmente recai em uma de duas categorias: no caso de vários artistas pop, a estreia pode ser montada depressa e logo lançada no mercado para lucrarem em cima de um único sucesso, enquanto artistas mais sérios geralmente o enchem de canções feitas há vários anos, antes mesmo de terem condições de criar um álbum. Se um músico leva a sério a ideia de deixar sua marca, a busca pelo conjunto perfeito de músicas para apresentar seu trabalho pode ser um processo longo e exaustivo, porém necessário. Um álbum de estreia equilibrado e bem pensado é a melhor forma de qualquer cantor ou banda causar uma boa primeira impressão, o que sempre foi o objetivo dos garotos.

Não há como negar: o primeiro álbum do 5 Seconds of Summer, que leva o mesmo nome da banda, causou uma impressão inesquecível no mundo inteiro. O *5 Seconds of Summer* chegou ao primeiro lugar nas paradas oficiais da Austrália e Nova Zelândia, repetindo o feito em vários países europeus e conquistando posições entre as dez mais em tantos outros. No geral, o álbum conquistou o primeiro lugar no iTunes em mais de setenta países.

No Reino Unido, a concorrência foi difícil, e a estreia do 5 Seconds disputou de igual para igual com o segundo álbum de Ed Sheeran, *Multiply*, a esperadíssima sequência do multiplatinado trabalho de estreia, *Plus*. O álbum de Sheeran estava na segunda semana de lançamento e já tinha batido o recorde de venda mais rápida do ano até então, com a transmissão pela TV da apresentação dele no festival de Glastonbury ajudando a manter as vendas bastante altas. Para impulsionar as próprias vendas, o 5SOS fez alguns shows intimistas e sessões de autógrafos nas lojas da HMV em Manchester e Londres. Limitados

FAIXA A FAIXA

a algumas centenas de lugares, as duas apresentações se mostraram extremamente populares, e a demanda por ingressos excedeu em muito a capacidade dos locais. Fãs que não conseguiram entrar nas lojas esperaram pacientemente do lado de fora, felizes apenas por recitar as letras e cantar as músicas do 5SOS. Os garotos fizeram questão de não decepcionar nenhum fã azarado e continuaram a autografar CDs bem depois do horário marcado para o término da sessão. No fim das contas nem isso bastou, e o 5 Seconds of Summer teve que se contentar com um muito respeitável segundo lugar na parada de álbuns OCC do Reino Unido, vendendo aproximadamente 67 mil cópias.

Nos Estados Unidos, o álbum foi lançado quase um mês depois dos outros países para aproveitar a chegada da *Where We Are Tour,* do One Direction. Assim, o 5SOS estava disponível para promover o álbum em programas televisivos diurnos de grande audiência como o *Today,* fazer um showzinho no Rockefeller Plaza em Nova York e participar de uma "festa de rua" no *Jimmy Kimmel Live,* na qual o programa fechou uma das ruas mais movimentadas do centro de Los Angeles a fim de fazer uma apresentação gratuita ao ar livre para o popular anfitrião do programa de entrevistas noturno. Como consequência, a venda do álbum dos garotos foi às alturas. Ultrapassando os valores projetados, o *5 Seconds of Summer* acabou vendendo mais de 258 mil cópias na primeira semana e liderou com todo o esplendor a parada de álbuns Top 200 da *Billboard.* E boas notícias vinham de todos os lados: não só eles chegaram ao primeiro lugar nos Estados Unidos como também tiveram o álbum de estreia mais vendido até então, além de ser o álbum de estreia mais vendido de qualquer grupo desde que o ex-*American Idol*

Chris Daughtry e sua banda lançaram o deles em 2006. O 5SOS pode não ter sido o primeiro artista australiano a conquistar o topo da parada de álbuns norte-americana em 2014, pois a cantora e compositora Sia Furler tinha chegado lá algumas semanas antes, mas estavam quebrando alguns recordes, como o de ser o primeiro artista australiano a entrar no topo da parada com o primeiro álbum, vendendo mais cópias do que a estreia de qualquer outro artista australiano.

Após bater tantos recordes e gerar várias manchetes, vale a pena olhar mais de perto as 12 músicas que compõem o *5 Seconds of Summer*, bem como examinar algumas das faixas bônus incluídas em várias edições especiais lançadas pelo mundo.

O álbum começa com a que acabou escolhida para ser o primeiro single internacional da banda, "She Looks So Perfect". Composta por Ashton e Michael junto com Jake Sinclair, a faixa também foi produzida por Sinclair, além de coproduzida e remixada por Eric Valentine. Ashton diz que ela fala de fugir com alguém, deixar uma vida chata para trás e encontrar novas aventuras com quem você ama, mas a maior parte das pessoas se lembra dela apenas como "a música da cueca American Apparel". Sinclair já chegou à sessão de composição com a frase da American Apparel na cabeça, mas temia que uma música sobre roupa íntima pudesse ser só "um pouco esquisita demais". Felizmente, como os garotos explicaram no vídeo de bastidores no YouTube, a banda "ama coisas estranhas", e a frase rapidamente virou a base de um refrão inesquecível.

O *HMV.com* a descreve como "um pop-rock de pedigree, bom para pular e com um refrão colossal [...] e disparado o melhor merchandising inesperado que você vai ouvir este ano." O

Alter the Press! a definiu como "candidata a música do verão", dizendo: "você vai cantar junto só de ouvir uma única vez." Ashton revelou no vídeo: "Estávamos esperando a música perfeita, que realmente nos representasse." Luke concordou, acrescentando: "Só queríamos colocar algo [no primeiro álbum] diferente de tudo o que tinha por aí." A missão foi definitivamente cumprida, e "She Looks So Perfect" virou o cartão de visitas perfeito para a banda, deixando bem claro seu manifesto: guitarras grandiosas, refrão grandioso e uma energia ainda maior.

A seguir vem a música escolhida como segundo single na maioria dos países, "Don't Stop", composta por Calum e Luke, Steve Robson e Michael "busbee" Busbee, com Robson atuando também na produção. No vídeo do YouTube que explica o álbum faixa a faixa, Ashton a rotula simplesmente como "música de festa [...] feita para se dançar". Foi uma impressão repetida pela crítica Arianne Arciaga, que escreveu na revista estudantil *Chabot Spectator*: "Se você está procurando uma música para levantar ou balançar a cabeça no carro, "Don't Stop" do 5 Seconds of Summer é a canção perfeita!" Luke diz que a música é "sobre uma garota em uma festa que todos querem levar para casa". E embora a letra seja bem sugestiva, eles nunca chegam a parecer grosseiros ou inconvenientes. "As cantadas divertidas do vocalista Luke Hemmings deixam a música ainda mais empolgante", destacou o *Guardian Liberty Voice*.

Embora seja tão divertida quanto "She Looks So Perfect", considerada pelo *HMV* como "ridiculamente grudenta" e com a *Billboard* dizendo que o gancho do refrão "é o que mais se destaca em todo o álbum", a produção da música faz com que ela seja levemente mais solta e decididamente mais punk do que o single anterior. Com um riff mais pesado e bateria mais no estilo do Blink-182, o *Digital Spy* observou: "O Blink-182 pode ter lançado sua primeira música bem antes do quarteto australiano ter nascido, mas isso não impede o 5SOS de ser o seu leal substituto."

"Good Girls" surgiu nas sessões londrinas de dezembro de 2012 com Roy Stride do Scouting For Girls, tendo ideias adicionais de Josh Wilkinson (fundador da banda de indie rock-pop Go:Audio), o produtor Feldmann e a dupla de compositores e produtores Parkhouse e Tizzard, que divide os créditos da composição com Ashton e Michael. No vídeo de bastidores que explica "Good Girls", Calum conta que primeiro Stride apresentou a ideia básica para a letra a ele e Luke durante a sessão de composição. "Roy falou: 'Eu tenho esta letra, *good girls are just bad girls that haven't been caught* [garotas boazinhas são apenas garotas levadas que nunca foram flagradas]'. Luke e eu dissemos: 'Sabe de uma coisa? Essa letra se encaixa no estilo de Ash e Michael.'", e assim a música passou para eles no dia seguinte.

Embora seja verdade que a letra divertida e irônica tenha muito em comum com "She Looks So Perfect", a produção retirou boa parte do polimento de "Good Girls", criando uma obra mais excêntrica e sombria no estilo pop-punk, com guitarras estridentes, sintetizadores de voz, vocais de fundo meio falados e meio cantados e um refrão recitado que a transforma em um hino indiscutível, totalizando três faixas seguidas de rock acelerado no álbum.

"Kiss Me Kiss Me" é a quarta música do *5 Seconds of Summer* e foi composta por Calum e Luke, com John Feldmann e Alex Gaskarth. É a primeira de três faixas a ter contribuição do líder do All Time Low, Gaskarth, e o envolvimento dele na gravação do primeiro álbum do 5SOS foi um ponto alto para os garotos. Michael disse ao *PopCrush*: "O All Time Low é basicamente o motivo pelo qual eu comecei a tocar guitarra e a cantar, então ter a oportunidade de trabalhar com ele é muito louco." Calum explicou a origem da música: "Nós compomos sobre estar em turnê [...] É meio irreverente essa música, para ser sincero." Luke foi além: "É sobre encontrar uma pessoa com quem você gostou muito de conviver, sem saber se vai conseguir esquecê-la." Ashton continuou: "Você tem pouco tempo com os amigos que faz [...] você viaja e viaja e viaja [...] essa música é sobre aproveitar ao máximo o tempo que você tem com as pessoas que conhece pelo caminho."

É outra música acelerada, mas a inclusão de umas batidas eletrônicas no meio dá a ela um ar mais genérico, parecendo o tipo de pop-rock que aparece no *Midnight Memories* do One Direction, como a faixa-título, "Little Black Dress" e "Little White Lies". "Kiss Me Kiss Me" tem muito menos do humor excêntrico e das letras atrevidas que passamos a esperar do 5 Seconds, mas por ser uma canção rock mais direta ainda tem um efeito poderoso e certamente decola quando entra o refrão.

"18" foi composta por Luke e Michael junto com Richard Stannard, Seton Daunt, Ash Howes e Roy Stride. A *Billboard* descreveu a música como "uma ode realmente engraçada e absurdamente grudenta à frustração de esperar pela vida adulta quando você ainda é um garoto punk". Os garotos do 5SOS mais uma vez dão o toque singular de humor a várias situações, pois a letra explora o mundo frustrante das identidades falsas, tatuagens secretas e de não poder entrar em boates por ser menor de idade. Foi outra música que surgiu nas primeiras sessões londrinas com Roy Stride, tendo a contribuição de Stannard e Rowe no refrão fácil de cantar. "18" só não chega a ser puramente pop devido à produção de John Feldmann e a alguns fraseados de guitarra bem pesados. O HMV a descreve como "incrivelmente grudenta. [...] Vai fazer você cantarolar o refrão por vários dias".

"Everything I Didn't Say" foi composta por Ashton e Calum junto com John Feldmann e Nicholas "RAS" Furlong. RAS é um compositor e produtor reconhecido, que iniciou a carreira em trilhas para videogames antes de fazer canções e acabou assinando contrato com Ryan Tedder do OneRepublic, juntando-se à Patriot Games Publishing. Lá, RAS colaborou na criação de músicas para nomes como The Wanted, Leona Lewis e a vencedora da sexta temporada do *American Idol* Jordin Sparks. A parceria dele com o 5 Seconds of Summer foi extremamente proveitosa, resultando não só em "Everything I Didn't Say" como também em "Social Casualty" e "Independence Day", que apareceriam em diferentes versões do álbum lançadas pelo mundo. No vídeo que explica as faixas no YouTube, Michael admite: "De todas as músicas que temos, essa é a única que eu gostaria de ter composto." Ashton explicou o ponto de partida para ela: "Quando você está em um relacionamento e termina, então fica 'cara, eu não me comprometi de verdade com aquilo' [Faz você perceber] que a outra pessoa se esforçou muito mais, e você se arrepende." Embora não tenha composto a música, Luke tem uma teoria sobre ela: "É um conceito bacana [...] Acho que fala do momento depois que o relacionamento acabou, e você queria [ter sido] uma pessoa melhor naquele relacionamento." Contudo, Luke foi brutalmente interrompido no meio da reflexão por Ashton, que brincou: "Na verdade é sobre o meu cachorro, Baxter."

Representando uma mudança de ritmo, essa é a música do álbum que chega mais perto de ser uma balada clássica. O *HMV* a descreveu como tendo "um refrão totalmente 'luzes no ar'", e a *Billboard* comentou: "A faixa brilha com uma produção pop meticulosa", aplaudindo o uso de efeitos de cordas para dar um ar ainda mais melancólico à canção.

"Beside You" é de longe a música mais antiga do álbum e surgiu nas primeiras sessões de composição dos garotos, com Christian Lo Russo do Amy Meredith e Joel Chapman na Austrália, no início de 2012. É a sétima faixa do *5 Seconds of Summer* e foi composta por Calum, Luke e a dupla do Amy Meredith. A música já tinha sido lançada no EP *Somewhere New*, mas os garotos gostaram tanto dela que decidiram regravá-la e colocar no primeiro álbum. Comparar as duas versões dá uma indicação mais clara do quanto eles evoluíram nos dois anos desde que a gravaram pela primeira vez, servindo como uma bela ponte entre o que a banda era na época e agora.

Mantendo a angústia comovente no vocal principal feito por Luke (provavelmente uma das melhores performances dele no álbum), mas acrescentando batidas eletrônicas e efeitos sutis de cordas sintetizadas, "Beside You" é uma canção vibrante de compasso lento, considerada pela *Billboard* "o tipo de faixa que se espera ouvir em um álbum do OneRepublic, o que não é ruim se você adora uma boa balada". Lembrando vagamente a balada poderosa "I'm With You" da Avril Lavigne, que transformou o álbum de estreia dela *Let Go* em um sucesso multiplatinado internacional e foi indicada a um Grammy de Melhor

Vocal Pop, "Beside You" atua como lembrete da química que existe no coração da banda e deixa à mostra a maturidade e sofisticação que estão se desenvolvendo no trabalho deles. É um fechamento adequado para a primeira metade do álbum.

"End Up Here" foi composta por Ashton e Michael, com a colaboração de John Feldmann e Alex Gaskarth. A música retoma o ritmo forte, e agora eles realmente aumentam a pressão com outro pop-rock intenso. A mistura de um gancho esperto de teclado com sons eletrônicos salpicados ao fundo produz algo novo, contemporâneo e ideal para tocar no rádio, além da mistura habitual de guitarras fortes com refrões poderosos e bons de cantar feita pelo 5SOS. Apresentando uma referência descarada a "Living On a Prayer" de Bon Jovi na letra e um toque de Nirvana com a menção a uma camiseta do Kurt Cobain, de algum modo ela consegue soar tanto moderna quanto retrô.

Ashton relembrou no vídeo de bastidores no YouTube que a principal lembrança da música era "John [Feldmann] tirando a camisa e dançando no estúdio". Ele explicou que "End Up Here" foi feita pensando na experiência do show ao vivo: "Precisávamos de uma música que levantasse a multidão [...] Uma música de festa [...] Queríamos escrever algo para cima que fizesse a galera pular." A *Billboard* a considerou "outro destaque divertido [...] quando entra o último refrão com palmas em vez da bateria, o ouvinte é obrigado a bater palmas também". O *HMV. com* definiu a faixa como o "destaque do álbum" e deu o elogio máximo, dizendo: "Parece o tipo de música que o Blink-182 teria gravado feliz no início dos anos 2000. É brilhante!".

"Long Way Home" é a música número nove, também composta por Ashton e Michael, John Feldmann e Alex Gaskarth.

FAIXA A FAIXA

Criada durante o primeiro encontro de Ashton e Michael com o ídolo do All Time Low, a música foi concluída apenas 24 horas depois de Luke e Calum terem composto "Kiss Me Kiss Me" com ele na primeira sessão que fizeram. Luke resumiu o relacionamento com o compositor superprodutivo Gaskarth dizendo: "Ele definitivamente entendeu a gente." Ashton explicou como a música pareceu fluir tão rapidamente, admitindo: "Em 15 minutos de trabalho nós já tínhamos a ideia para o refrão." Nesse relacionamento imensamente produtivo, os garotos acreditaram que os estilos de composição deles se encaixaram de forma tão instantânea devido às influências musicais que tinham em comum com Gaskarth, além de todos os integrantes do 5SOS terem crescido ouvindo o All Time Low e aprendido o básico sobre composição e estrutura de canções nos álbuns deles.

Citando Green Day na letra, "Long Way Home" é um pouco mais tranquila. Suas batidas quebradas e gancho de piano envolvente lembram "I Miss You" do Blink-182 e ficam muito bem ao lado de alguns artistas norte-americanos que tocam no rádio e que os garotos citam como influência. Segundo o *HMV,* lembrava "um pouquinho o Jimmy Eats World, Good Charlotte, até um pouco o R.E.M". Sem dúvida uma música de influências bem ecléticas.

"Heartbreak Girl" foi composta por Calum e Luke, Steve Robson e Lindy Robbins. Mais uma faixa que sobreviveu às primeiras sessões de gravação e composição da banda, tendo sido concebida durante a primeira viagem deles a Londres e lançada como download grátis no início de 2013. Para ser incluída no *5 Seconds of Summer*, a música foi levemente remixada e ganhou uma camada extra de brilho. Luke se lembra da primeira sessão com Robson no vídeo do YouTube: "Fizemos quatro músicas, e na verdade eu não gostei tanto assim [de "Heartbreak Girl"], mas todo mundo disse: 'Essa música é realmente boa.'"

O outro autor da música é Lindy Robbins, de Los Angeles, mais famoso por ter composto "Skyscraper" para Demi Lovato (que também foi primeiro lugar no Reino Unido na voz da vencedora do *X Factor* de 2013, Sam Bailey). Robbins tem mais de 25 anos de experiência na indústria musical e já trabalhou com uma série de artistas como Backstreet Boys, Selena Gomez, Leona Lewis e One Direction. Ashton revelou que "Heartbreak Girl" tem um lugar especial no coração deles: "É bom ver a multidão cantando cada palavra dessa música. É legal porque significa muito para a gente, [simboliza] os primeiros passos que demos ao vir para o Reino Unido." Sem dúvida a canção mais pop do álbum, com sua história simples de "garoto conhece garota e ela o ignora" contada por meio de uma produção elegante e ensolarada, a faixa é dominada por um riff de guitarra afiado e belas harmonias feitas pelos garotos.

"Lost Boy" é obra de Calum, Luke, Jarrad Rogers e Roy Stride. Junto com "Good Girls" e "18", essa é mais uma das primeiras músicas feitas nas sessões com o líder do Scouting For Girls, Stride, e devidamente moldada mais tarde por Jarrad Rogers, compositor e produtor australiano com mais de uma década de experiência e uma vasta gama de artistas pop e rock no currículo. No início da carreira, ele compôs com vários nomes conceituados da Austrália, como Delta Goodrem e o vencedor do *Australian Idol* Guy Sebastian, e voltou para sua base em Londres. Fazendo viagens constantes aos Estados Unidos,

Rogers agora tem entre seus clientes artistas internacionais de grande sucesso como Lana Del Rey, Alex Clare, Demi Lovato e Foxes.

A música começa com uma introdução de bateria intencionalmente suja e barulhenta, que abre caminho para um rock majestoso e imponente feito em cima de riffs de guitarra parrudos e um refrão crescente, deixando mais clara a ligação com as influências de rock mais pesado da banda. É um verdadeiro ponto alto para os fãs do 5SOS que preferem ler sobre eles na *Kerrang!* em vez de vê-los abrindo shows do One Direction. Embora "Lost Boy" esteja incluída como faixa 11 da edição lançada na Austrália e Nova Zelândia, foi substituída na versão britânica por "English Love Affair" e nos Estados Unidos por "Mrs. All American", certamente por serem mais interessantes para esses mercados.

"English Love Affair" foi composta por Ashton e Michael, além de Rick Parkhouse, George Tizzard, Roy Stride e Josh Wilkinson. Outra música originada nas sessões londrinas de 2012, essa talvez tenha sido a faixa mais adequada para a versão britânica do álbum, considerando seu título ["Caso de amor inglês", em tradução livre] e conceito. Ashton teve a ideia básica do refrão quando eles iam de carro para uma sessão de composição na cidade litorânea inglesa de Bournemouth. Durante o trajeto, ele ia citando e alterando rapidamente frases que ouvia as torcidas gritarem em jogos de futebol. Ashton lembrou que "English Love Affair" ficou guardada um tempo, mas trazia boas lembranças dos momentos vividos em Londres: "Foi muito legal, e nos divertimos muito compondo essa música. Gravamos naquela época, é a música dançante do álbum."

"Mrs. All American" é um trabalho de Calum, Michael, Steve Robson e Ross Golan e serve como agradecimento muito especial às fãs norte-americanas, cada vez mais numerosas. A canção foi iniciada por Steve Robson e depois terminada com a ajuda de um compositor renomado nos Estados Unidos: Ross Golan, outro colega de Ryan Tedder do OneRepublic, que criou sucessos para Justin Bieber, Flo Rida, Shakira, Enrique Iglesias, Maroon 5, Nicki Minaj e Lady Antebellum. Com seu gancho insistente meio assoviado, percussão excêntrica e linhas de sintetizador agudas e peculiares, essa é definitivamente uma das músicas em que o 5SOS mais se diverte. E isso não passou despercebido pela crítica da *Billboard*, que comentou: "A jovialidade da banda está a todo vapor aqui. Eles fazem de tudo para bater no peito sem perder o charme nerd."

"Amnesia" foi escolhida como terceiro single oficial do álbum e composta por Benjamin e Joel Madden, Louis e Michael Biancaniello, além de Sam Watters. Ela é singular por ser a única música incluída na edição de 12 faixas do álbum que não foi composta por nenhum dos integrantes do 5 Seconds of Summer. Apesar disso, "Amnesia" realiza o antigo sonho dos garotos de trabalhar com seus heróis na música, os irmãos do Good Charlotte Benji e Joel Madden. No vídeo que explica todas as faixas, o 5SOS se lembra de ouvir a música pela primeira vez, com Luke revelando: "[Joel e Benji] compuseram há algum tempo e não conseguiam encontrar alguém que combinasse com ela." Michael confirmou: "Eles estavam guardando para 'As Pessoas Especiais.'" Estranhamente, nenhum dos rapazes do 5SOS ficou lá muito impressionado com ela no início, mas depois acabaram percebendo o quanto a música era incrivelmente poderosa: "É bem sincera [...] é muito especial para nós como banda." É sem dúvida a música mais surpreendente e sofisticada do *5 Seconds of Summer*, fato reconhecido pela *Billboard*, que elogiou o "desempenho vocal comovente e a letra mais pungente do álbum [...] Levando ouvintes mais velhos a relembrar a tristeza que é terminar um romance no ensino médio". A revista declarou: "'Amnesia' demonstra a versatilidade do 5SOS." Quase fechando o álbum, é melancólica, mas de um jeito animador. O *HMV* a rotulou de "calma e doce [...] um encerramento melancólico". E não há como negar que essa leve dose de tristeza ganhe mais força emocional justamente por estar no fim de uma série de canções até então alegres. De letra muito profunda, cantada com uma emoção inesperadamente crua por cima de um violão delicado e afogada em acordes chorosos, a balada final é sem dúvida o ponto alto do álbum e a canção que certamente dará à banda uma nova legião de admiradores.

No Reino Unido, a edição de luxo do álbum contém três faixas bônus: "Social Casualty", "Never Be" e "Voodoo Doll". A primeira música foi composta por Luke e Michael, John Feldmann e Nicholas "RAS" Furlong. Originada nas mesmas sessões de composição de "Everything I Didn't Say", "Social Casualty" é de longe a que tem influência mais clara da primeira fase do Blink-182, expondo as raízes pop-punk da banda. A letra transborda rebeldia adolescente, e os riffs de guitarra são grandiosos, altos e aparecem em primeiro plano na mixagem final. Certamente é digna de uma banda que ficaria melhor abrindo para o Green Day do que para o One Direction em uma turnê.

"Never Be" foi composta pelos quatro integrantes do 5SOS junto com John Feldmann. Outra música lenta, com toques de

"Wake Me Up When September Ends" do Green Day, ela conta a história de dois adolescentes infelizes e desesperadamente apaixonados que gostariam de ficar jovens para sempre, fugir da cidade onde nasceram e escapar do inevitável futuro que veem traçado para eles. Tudo isso forma uma canção doce e pungente, com um desempenho vocal forte dos garotos e uma inesperada sutileza na apresentação.

"Voodoo Doll", música de Ashton, Calum e dos compositores Adam Argyle e Fiona Bevan, que vivem no Reino Unido, sobreviveu a algumas das primeiras sessões de gravação e composição feitas pelos garotos. Argyle tem mais de uma década de experiência trabalhando com alguns dos maiores artistas pop do Reino Unido, como Will Young, Pixie Lott e Olly Murs, e se especializou em descobrir, promover e desenvolver o talento de novos cantores e compositores, como fez com Newton Faulkner e Gabrielle Aplin. Bevan é, ela própria, uma artista e ganhou uma notoriedade enorme como compositora quando uma música feita por ela há anos com o então desconhecido Ed Sheeran, "Little Things", virou sucesso mundial com o One Direction em 2012. "Voodoo Doll" conta a história de alguém tão incontrolavelmente apaixonado que acredita estar sob algum tipo de feitiço sobrenatural. Ela está contida em um instrumental pop-rock bem direto, com riffs de guitarra em harmonia e bateria retumbante, coberta de acordes sintetizados envolventes. É uma faixa bônus muito bem-vinda para qualquer fã.

A edição de luxo do iTunes contém a faixa bônus exclusiva "Greenlight". Essa música foi composta por Ashton e Michael com a ajuda de Steve Robson e James Bourne, principal compositor do Busted. Feita em Londres em 2012, é uma música repleta de adrenalina, com letra cheia de desejo e de um estridente feedback de guitarra, e é um dos momentos mais punk do vasto repertório da banda.

Além de quatro versões diferentes da capa para a Target, a varejista norte-americana recebeu uma edição exclusiva do álbum contendo nada menos que quatro faixas bônus: "Tomorrow Never Dies" foi feita por Ashton e Calum, Brittany Burton e John Feldmann. Certamente a faixa mais fora do padrão já lançada por eles até agora, com efeitos eletrônicos pesados em todo o instrumental e vocais de apoio reincidentes, ela tem mais em comum com o Linkin Park da era *Hybrid Theory* e o *Violator* do Depeche Mode do que com as influências pop-punk de sempre

"Independence Day", de Ashton, Calum, Feldmann e Furlong, é um pop-rock vigoroso que tira enorme proveito do riff de guitarra estridente, dos efeitos que fazem os vocais gaguejarem e do refrão inesquecível para cantar junto.

"Close as Strangers", também composta por Ashton e Michael, com Roy Stride, Rick Parkhouse e George Tizzard, é outra balada sincera sobre estar na estrada e sentir saudades de casa, que recebeu uma produção brilhante com uma atmosfera de verão e um refrão alegre, que não soaria estranho em uma música do Backstreet Boys.

"Out of My Limit", de Calum e Luke, é uma das primeiras gravações dos garotos e foi tirada do EP *Somewhere New*. Nada refinada, tem harmonias superdoces e, quando comparada às gravações mais novas, mostra perfeitamente a transição que o 5 Seconds of Summer fez em tão pouco tempo.

A edição JB Hi-Fi contém as faixas bônus "Wrapped Around Your Finger", composta por Luke e Michael com John Feldmann, e "Pizza". "Wrapped" é bem diferente: sua ambientação eletrônica e solo de guitarra harmônico têm um ar de "Chasing Cars", do Snow Patrol, ou dos trabalhos mais recentes do Coldplay, talvez indicando como eles vão se desenvolver futuramente como banda. "Pizza", composta pelos quatro integrantes do 5SOS, é uma ode de 38 segundos à alegria causada por fatias de pizza e aparecia como faixa oculta na versão em cassete do single de "She Looks So Beautiful", que foi lançado como uma edição muito especial e limitada para o Record Store Day [Dia da Loja de Discos] no Reino Unido em 2014.

Para uma banda relativamente nova, eles criaram uma biblioteca de canções impressionante, que engloba com sucesso uma série de subgêneros, conforme demonstrado pela variedade de faixas nas diversas edições internacionais do *5 Seconds of Summer*. É de grande interesse tanto para os fãs quanto para os observadores da indústria musical ver para onde os garotos vão decidir levar o som deles no futuro.

CAPÍTULO DEZESSEIS

NÃO PARE

"Sejam lá quais forem os grandes artistas mundiais, independente de ser o One Direction, Rihanna ou Bruno Mars, temos a ambição de sermos citados ao lado deles, com o mesmo status."
Nick Raphael, presidente da Capitol Records UK, na revista *Music Week*

As opiniões ainda podem estar divididas sobre a posição do 5 Seconds of Summer no mundo da música, pois muitos puristas simplesmente não conseguem enxergar nada além da ligação deles com o One Direction e os deixam de lado por ser "pop demais", enquanto a insistência dos garotos de que são uma "banda de verdade" e têm voz ativa na própria música pode afastar fãs mais jovens que não têm interesse no desejo da banda por liberdade criativa e apenas querem babar nos pôsteres e gritar nos shows. A verdade é que eles deixaram sua marca e sem dúvida vieram para ficar.

Em uma entrevista à *Billboard* em agosto de 2014, o baterista do 5 Seconds, Ashton Irwin, fez questão de garantir aos fãs que a banda não tinha a menor intenção de desistir de converter os desconfiados: "Algumas pessoas pensam: 'Ah, é só mais uma boy band. Vão fazer sucesso e depois sumir.' Mas estamos desafiando essa ideia." Ele continuou: "Temos muito orgulho da música que fazemos. Nós a amamos e não temos medo. Se alguém coloca a gente para baixo, não ligamos. Não é meio punk isso de não se importar com o que os outros dizem?" Independente do que as pessoas pensam sobre a música, a atitude dos garotos vai ajudá-los a ir longe.

O incrível sucesso global do álbum de estreia e a ausência de folgas na intensa agenda de shows parecem indicar que o sucesso vivido pelo 5SOS em 2014 pode simplesmente ser o primeiro passo em sua incrível jornada em vez da coroação de todas as conquistas extraordinárias que já tiveram até agora. Com milhares de novos fãs entrando na família 5SOS todos os dias, Luke, Michael, Calum e Ashton devem cancelar quaisquer planos de pegar leve: eles vão estar incrivelmente ocupados no futuro próximo. Se os garotos mantiverem o embalo que criaram em 2014, vão ter que deixar de lado as idas ao Nando's, pois haverá muito trabalho a fazer.

Além das apresentações no Video Music Awards em 24 de agosto de 2014, de onde saíram com o prêmio de Melhor Vídeo com Letra para "Don't Stop", e no iTunes Festival em Londres no dia 4 de setembro, o próximo grande evento na agenda do 5SOS era o lançamento de "Amnesia" como terceiro single oficial do *5 Seconds of Summer*. A música era a arma secreta da banda e foi feita para ajudar o álbum a entrar com ainda mais força no mercado.

O vídeo com a letra foi lançado no início de julho: filmado totalmente em preto e branco, tinha a letra da música projetada por cima de imagens sombrias dos rostos dos integrantes, algo simples e incrivelmente eficaz. O vídeo utilizava centenas de lembretes visuais dos garotos e da jornada deles até aqui, desde fotos do início da carreira e pulseiras de shows até pinguins, abacaxis e consoles de videogame.

Quando o clipe oficial foi lançado em 31 de julho, era um contraste direto em relação ao anterior, repleto de cores e banhado em uma luz brilhante de fim de verão. Usando uma colagem lindamente nostálgica de imagens, ele mostra os garotos voltando à cidade natal e visitando amigos. Contendo também lembranças do tempo que passaram ensaiando na garagem de casa, as cenas resumem perfeitamente a letra sincera da música. Em algumas semanas, o clipe passou de 6,5 milhões de visualizações no YouTube, mostrando-se um dos vídeos mais populares deles até agora.

Embora não tenha sido tão bem-sucedida como as duas antecessoras, "Amnesia" conseguiu ficar entre as vinte mais nos Estados Unidos, Canadá e Nova Zelândia e chegou ao sétimo lugar na Austrália, mostrando que o desejo das pessoas pela música do 5 Seconds of Summer não diminui.

Até a primeira semana de julho de 2014, os garotos já tinham revelado os planos para a *Rock Out With Your Socks Out Tour* em 2015, que os levará a fazer os primeiros shows na Europa como atração principal. Eles vão visitar 26 arenas em 11 países europeus durante o mês de maio. Também foram acrescentadas 13 datas no Reino Unido, terminando com duas noites na SSE Arena de Wembley em junho. Em seguida, o 5SOS vai à Austrália fazer os primeiros shows em arenas como atração principal no país onde nasceram, em uma turnê de cinco noites. Uma semana depois desse anúncio, recusando-se a interromper o fluxo de notícias, os rapazes revelaram aos fãs norte-americanos que a turnê chegaria aos Estados Unidos, parando em mais de vinte estados pelo país em julho e agosto até terminar em Palm Beach, Flórida, em 13 de setembro.

Se ainda havia alguma dúvidas sobre a capacidade do 5 Seconds of Summer de sair da sombra de seus ex-colegas de turnê, elas foram rapidamente dissipadas pela velocidade com que os ingressos começaram a esgotar. Pode muito bem ser que uma hora as pessoas passem a perguntar: "Que One Direction?", à medida que os garotos finalmente puderem mostrar a todos exatamente do que são capazes — apresentar uma sequência completa de músicas contendo material próprio para uma multidão que eles sabem que veio apenas para vê-los em ação. E se alguém temesse que esses shows pudessem ser diferentes das aberturas para o 1D, poderia encontrar conforto na insistência de Ashton de que a banda se inspirava em seus maiores ídolos, o Green Day. Ele disse à *Alternative Press*: "Eu adoro o fato de [Billie Joe Armstrong, do Green Day] dominar um estádio inteiro. Ele e Dave Grohl [do Foo Fighters] têm esse poder. Eu vejo isso e fico realmente inspirado. É assim que nos apresentamos, com muitos gritos." Enquanto vinte mil pessoas cantam ao som de "Don't Stop" "She Looks So Perfect" e "Amnesia", repetindo cada palavra a plenos pulmões, ninguém na plateia terá dúvidas sobre quem será o legítimo herdeiro ao trono do One Direction.

As recompensas financeiras associadas a vender milhões de álbuns e fazer turnês internacionais em arenas lotadas também estão tentadoramente próximas: a estimativa era que os cinco integrantes do One Direction ganhariam 23 milhões de dólares (cerca de 60 milhões de reais), e com o bônus extra de o 5 Seconds of Summer compor praticamente todas as músicas que tocam, parece que Luke, Michael, Calum e Ashton não vão precisar se preocupar com dinheiro por um bom tempo. Embora Michael tenha admitido que a banda ainda precisa aproveitar boa parte dos ganhos com a venda do álbum, dizendo ao *Daily Telegraph* que o saldo bancário deles "não mudou muito", a segurança financeira a longo prazo não era mais um problema.

Com boa parte de 2015 já ocupado, fica difícil imaginar quando os garotos terão tempo de compor e gravar o já ansiosamente esperado segundo álbum. Todos os fãs sortudos que conseguiram ingressos para os próximos shows do 5 Seconds sem dúvida já estão cruzando os dedos, sonhando com uma prévia de uma ou duas músicas novas. Parece improvável que eles sigam o padrão do 1D e lancem quatro álbuns em quatro anos, rotina difícil de manter quando os integrantes da banda são responsáveis por compor e tocar as próprias músicas. Porém, é reconfortante ver que Nick Raphael, chefe do selo do 5SOS no Reino Unido, parece disposto a dar aos garotos todo o tempo necessário para fazer o álbum certo, como disse à *Music Week*: "Temos que garantir que o próximo álbum seja repleto de canções brilhantes." Discutindo o eventual lançamento do segundo trabalho, ele revelou ter grandes esperanças no futuro imediato da banda: "Quero que [o 5SOS] sejam artistas de verdade, e quando a data de lançamento for marcada, todos vão querer abrir passagem por saberem que um grande álbum está por vir [...] A ambição é essa, e esperamos que esse seja o início de uma carreira. A banda é boa, os empresários são experientes. Melhor que isso, impossível."

Podemos apenas especular sobre os rumos do próximo álbum, à medida que eles mergulham ainda mais profundamente em suas influências musicais, amadurecem como compositores e ganham mais experiência como músicos. Existe alguma probabilidade de ver alguma colaboração musical do 5SOS com seus colegas de turnê do One Direction? Ou podemos esperar algo bem menos pop dos garotos da terra dos cangurus? Eles já revelaram a ambição de serem vistos como músicos de rock de verdade e foram aceitos pela comunidade rock em geral, então um álbum cem por cento roqueiro estaria totalmente fora de cogitação? Quem sabe eles consigam agendar sessões de composição com outros ídolos musicais? Quem não gostaria de ouvir as canções que o 5SOS fizesse com Billie Joe Armstrong do Green Day, Pete Wentz do Fall Out Boy ou o líder do Foo Fighters, Dave Grohl?

Também há a questão do que a banda pretende fazer com o próprio selo, Hi or Hey Records. Criado com o objetivo de procurar novos cantores ou bandas jovens fazendo o possível para encontrar um lugar no primeiro nível da indústria musical, pode ser apenas uma questão de tempo até o 5SOS descobrir o próximo Blink-182, All Time Low ou Paramore. Luke até disse à *Billboard* em agosto de 2014: "Uma versão feminina da gente seria legal."

A história do 5 Seconds of Summer pode ter apenas começado e, embora o impacto da banda na cena musical ainda venha a ser decidido através dos próprios álbuns e das bandas que talvez contratem no futuro, pode-se dizer que eles causaram uma impressão duradoura. No período de apenas três anos o 5SOS conquistou milhões de fãs pelo mundo e, mesmo que alguns dos críticos mais duros ainda não tenham dado o veredito sobre o lugar deles no mundo da música, há uma certeza: no que diz respeito à missão de trazer o pop-punk para as massas, eles tiveram um sucesso retumbante. "Só de ter guitarras no rádio de novo já é bom", confessou o porta-voz Ashton. Ele esperava que o verdadeiro legado da banda tivesse um efeito muito maior e de alcance mais amplo: "Se um garoto pegar em baquetas por causa da nossa banda, a missão foi cumprida." Michael foi até mais enfático sobre isso quando tuitou para os seguidores: "Quero que as pessoas ainda usem nossas camisetas daqui a trinta anos."

A verdade é que independente do que produzirem e de quando decidirem mostrar ao resto do mundo os frutos do seu trabalho, haverá milhões de fãs esperando ansiosamente para ouvir as novas músicas, cantar junto nos shows e ajudá-los a continuar essa jornada triunfante, enfrentando o mundo pelo caminho.

FONTES

JORNAIS E REVISTAS

Alternative Press
Billboard
Classic Pop
Daily Mail
Daily Star
Guardian
Girlfriend
Hollywood Reporter
Kerrang!
Music Week
Rock Sound
Rolling Stone
Rouse Hill Times
Sydney Morning Herald
Teen Vogue
Daily Telegraph (de Sydney)
Sun
Sun-Herald
Top Of The Pops

LIVROS

She Looks So Perfect — Mary Boone
The Guinness Book of British Hit Singles and Albums

TELEVISÃO E RÁDIO

2day FM 104.1 Sydney
60 Minutes
9.65 TIC FM
AwesomenessTV
Capital FM
Extra
KIIS 1065 Radio
MTV
Nova FM
Singapore Radio
Sunday Brunch

The Late Late Show
Today Show
WPLW North Carolina

SITES

5SOS.com
Annandalehotel.com
ARIAcharts.com
Ask.fm
Alterthepress.com
Billboard.com
Capitalfm.com
Thechabotspectator.com
Coupdemainmagazine.com
Facebook.com
Fuseonline.org.uk
Gibson.com
Guardianlv.com
HMV.com
Hollywoodlife.com
Instagram.com

Modestmanagement.com
Musicnetwork.ie
Musicfeeds.com
Musictakeabow.com
News.com.au
Norwest.nsw.edu.au
Officialcharts.com
Popcrush.com
Punktastic.com
Seventeen.com
Sonyatv.com
Startupsmart.au
Sugarscape.com
Tellymix.co.uk
Theaustralian.com.au
Thehillsarealive.com.au
Thehothits.com
USAtoday.com
Vevo.com
Wondermgmt.com
YouTube.com

CRÉDITOS DAS IMAGENS

Página 1: Astrid Stawiarz / Getty Images (canto superior esquerdo); Don Arnold / Getty Images (canto superior direito); John Lamparski / Getty Images (canto inferior esquerdo); Mark Robert Milan / FilmMagic / Getty Images (canto inferior direito)

Página 2: REX / AGF s.r.l. (ambas)

Página 3: Turgeon-Steffman / Splash News (parte superior); Splash News (parte inferior)

Página 4: REX / David Fisher (parte superior); REX / Broadimage (parte inferior)

Página 5: Redferns via Getty Images (parte superior); Cindy Ord / Getty Images para SiriusXM (parte inferior)

Página 6: Mark Metcalfe / Getty Images (canto superior esquerdo & canto inferior direito); REX / Broadimage (canto superior direito); Kevin Mazur / WireImage / Getty Images (canto inferior esquerdo)

5 SECONDS OF SUMMER

Página 7: Suzan / EMPICS / PA Images (todas)

Página 8: REX / AGF s.r.l. (parte superior); Michael Tran / Film-Magic / Getty Images (parte inferior)

Este livro foi composto na tipologia Minion Pro,
em corpo 12/15,6, impresso em papel off-set 90g/m²,
no Sistema Cameron da Divisão Gráfica
da Distribuidora Record.